GAST - HÄUSER
UND
HISTORISCHE HOTELS
DEUTSCHLAND

3. Auflage

Gesine Petter-Unverzagt (Fotografie)
Alexander Unverzagt (Text)

Kammerer & Unverzagt

CIP - TITELAUFNAHME DER DEUTSCHEN BIBLIOTHEK
GAST- HÄUSER UND HISTORISCHE HOTELS
DEUTSCHLAND, 3. Auflage
Gesine Petter-Unverzagt (Fotografie), Alexander Unverzagt (Text), Verlag Kammerer & Unverzagt, Hamburg 1993
89 Häuser mit Innen- und Außenaufnahmen - nach dem Kriterium der Geschichte und der Behaglichkeit ausgesucht
ISBN 3-926 763-66-3

Rothenbaumchaussee 43
20148 Hamburg
Telefon: 040 / 45 33 70
Telefax: 040 / 44 28 88

Fotos und Text
Seite 213-215 Joachim Rühl

Redaktion,
Layout und Satz Koch,Lechtenbrink. *DTP* ,Hamburg
Druck und Bindung Druckerei Parzeller, Fulda

Dank der positiven Resonanz der ersten beiden Auflagen dieses Buches, über die sich Verlag und Autoren freuen, können wir hiermit bereits die 3. überarbeitete Fassung vorlegen.

Dieses kleine Buch ist kein Gourmet-Führer mit "Stern-, Kochmützen- oder Messer und Gabel- Bewertungen", sondern ein Versuch, in Deutschland solche Häuser zu beschreiben, die sich durch historische Bausubstanz auszeichnen, durch ein Ambiente, das die Vergangenheit noch spüren läßt, durch eine eng mit der Bevölkerung und ihren Gebräuchen verwobene Tradition und teilweise auch durch ihre idyllische Lage.

Einige der GAST-HÄUSER in unserem Führer sind kleine bescheidene Wirtshäuser, in denen nur einfache Brotzeiten oder Hausmannskost gereicht werden, und die nur Eingeweihten oder Ortsansässigen bekannt sind. Sie sind aber noch echt und ursprünglich, eben historisch gewachsen, und passen in die Landschaft. Hier einzukehren, ist ein Vergnügen, so als machte man eine kleine Reise in die Vergangenheit.

Andere aber - und das ist der Grund, warum wir schon in der 2. Auflage den Titel GAST-HÄUSER um den Begriff HISTORISCHE HOTELS erweiterten - sind moderne gastronomische Betriebe von hohem Niveau in den alten Mauern von Schlössern, Burgen oder Herrenhäusern. Sie wurden mit großem Stilgefühl und liebevollem Gespür dafür, historische Elemente zu bewahren und zu integrieren, für die Ansprüche und Erwartungen der Gäste von heute hergerichtet.

So kann es Ihnen also beim Blättern in unserem Führer passieren, daß wir Sie von einem noblen Gourmet-Restaurant direkt an den blankgescheuerten Holztisch eines bescheidenen Landgasthauses einladen. Vielleicht empfinden Sie diesen Kontrast ja als genauso reizvoll wie wir.

Es gibt sicherlich Grenzfälle, Häuser, die trotz eines gewissen

Reizes Stilbrüche aufweisen. Manche GAST-HÄUSER haben wir nicht berücksichtigt, obwohl das Äußere unseren Vorstellungen entsprach, das Innere jedoch mit modischen Bauelementen oder "Gelsenkirchener Barock" so verfremdet wurde, daß der bestimmt einstmals vorhandene Charme verloren ging. PVC hat manchem erhaltenswerten Holzfußboden den Garaus gemacht, die von den Brauereien gelieferte 08/15-Beleuchtung läßt keine Stimmung aufkommen.

Wir möchten hier noch einmal ganz deutlich machen, daß die Auswahl der in unserem Buch besprochenen Häuser von uns allein nach den oben kurz skizzierten Kriterien vorgenommen worden ist, ohne jegliche Honorierung oder sonstige Gefälligkeiten seitens des Wirtes oder sonst jemandem...

Nicht alle GAST-HÄUSER bieten Übernachtungsmöglichkeiten. Wir haben dann nahegelegene Hotels oder Gasthöfe vorgeschlagen, raten jedoch immer, auch die Gastgeber nach ihren Empfehlungen zu befragen.

Die aufgeführten Gerichte sollen dem Gast zeigen, welche Art von Küche oder welche Spezialitäten ihn erwarten. Eine Garantie, daß diese Speisen oder Getränke dann tatsächlich auf der Karte stehen, gibt es natürlich nicht, zumal eines unserer Kriterien bei der Beurteilung der Küche war, daß regionale Produkte verwendet werden und die Karte sich an den Jahreszeiten und am Markt orientiert.

Eine unbekannte Gegend erschließt sich dem Reisenden schneller, wenn er neben den Menschen, ihren Gebräuchen und ihren Eßgewohnheiten auch etwas über deren lebendige Geschichte erfahren kann. Wir haben daher kleine Tips ans Ende der jeweiligen Haus-Beschreibung gesetzt, mit denen wir anregen wollen, kunsthistorisch Interessantes zu erkunden, Konzerte, Aufführungen und Ausstellungen zu besuchen, oder mit den Einheimischen ein traditionelles Fest zu feiern.

Auf unseren zahlreichen Reisen stellten wir fest, daß es ein deutliches Nord-Süd Gefälle gibt: zahlreiche Häuser mit Charme und Charakter im Süden, aber nur wenige im Norden. Und bedauerlicherweise erst recht nicht - noch nicht - in den neuen Bundesländern: von den 14 neuen Häusern, die in die vorliegende 3. Auflage neu aufgenommen wurden, liegt hier nur ein einziges, und zwar in Mecklenburg-Vorpommern. Unsere Erfahrung ist es leider, daß viele Gasthöfe und Hotels der neuen Länder noch nicht die Beschaulichkeit, das Vollkommene im Einfachen, das Schöne und Anheimelnde erkennen lassen, das die hier aufgeführten Häuser auszeichnet. Es gibt wohl Häuser, deren Geschichte in vielen Details noch spürbar ist, die aber noch ein wenig der zeitgemäßen Renovierung bedürfen und an der Qualität der Küche zu arbeiten haben.

Sicherlich sind auch zahlreiche andere GAST-HÄUSER noch nicht aufgenommen worden, entweder weil wir sie noch nicht kennen oder weil wir sie noch nicht besuchen konnten.
Wir freuen uns daher über jede Anregung und Kritik und versprechen Ihnen, daß wir beidem nachgehen werden.

Hamburg, im Juli 1993

Gesine Petter-Unverzagt
Alexander Unverzagt

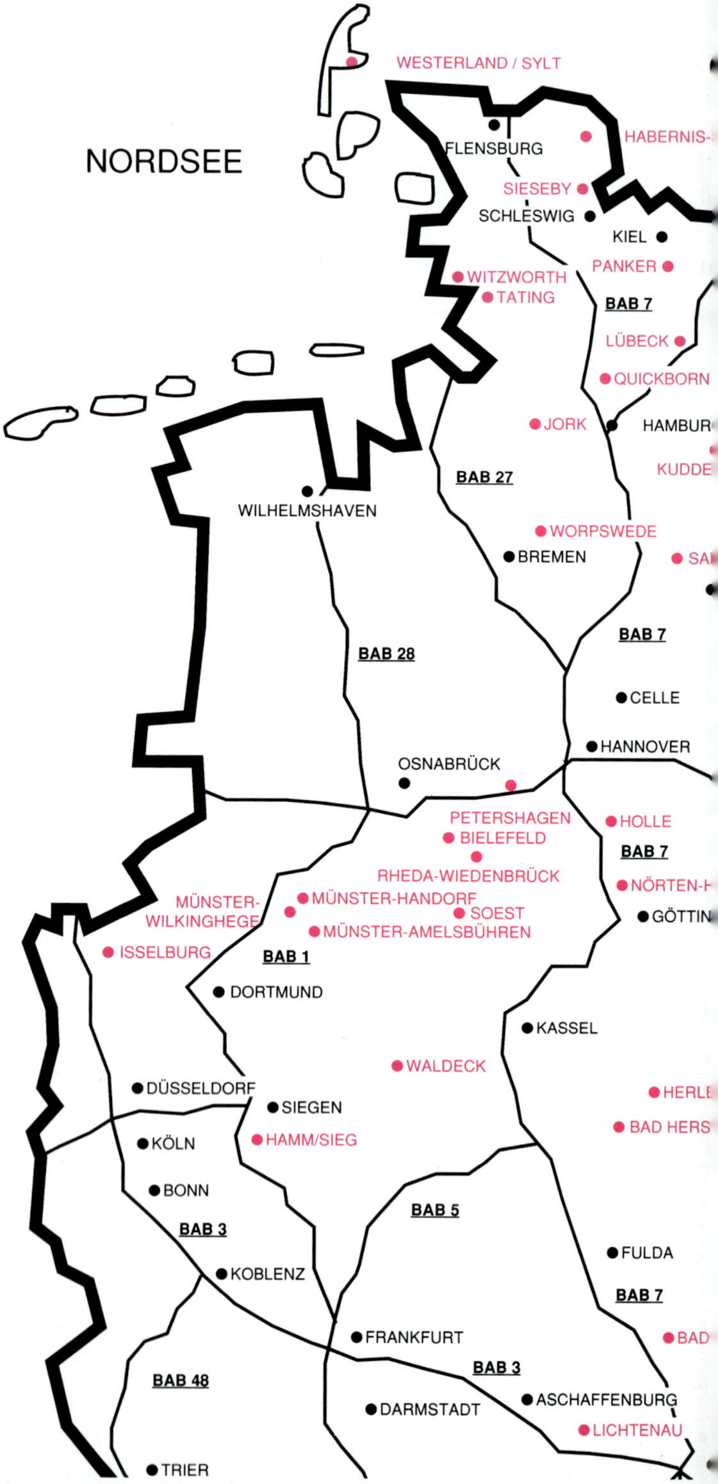

WESTERLAND / SYLT
NORDSEE
FLENSBURG
HABERNIS-
SIESEBY
SCHLESWIG
KIEL
PANKER
WITZWORTH
TATING
BAB 7
LÜBECK
QUICKBORN
JORK
HAMBUR
KUDDE
WILHELMSHAVEN
BAB 27
WORPSWEDE
BREMEN
SA
BAB 7
BAB 28
CELLE
HANNOVER
OSNABRÜCK
PETERSHAGEN
HOLLE
BIELEFELD
BAB 7
RHEDA-WIEDENBRÜCK
NÖRTEN-H
MÜNSTER-WILKINGHEGE
MÜNSTER-HANDORF
SOEST
GÖTTIN
MÜNSTER-AMELSBÜHREN
ISSELBURG
BAB 1
DORTMUND
KASSEL
WALDECK
DÜSSELDORF
SIEGEN
HERLE
KÖLN
HAMM/SIEG
BAD HERS
BONN
BAB 5
BAB 3
FULDA
KOBLENZ
BAB 7
FRANKFURT
BAD
BAB 3
BAB 48
ASCHAFFENBURG
DARMSTADT
LICHTENAU
TRIER

TSEE
NBERG
ROSTOCK
BAD DOBERAN
DE
USEN
NEBURG
BERLIN
BAB 2
ENBERG
LEIPZIG
USEN
DRESDEN
CKENAU
BAB 9
SCHWEINFURT
BAYREUTH
LKACH
IPHOFEN
MUGGENDORF
DETTELBACH
RZBURG

CELLE
HANNOVER
OSNABRÜCK
PETERSHAGEN
BIELEFELD
HOLLE
BAB 7
RHEDA-WIEDENBRÜCK
NÖRTEN-H
MÜNSTER-WILKINGHEGE
MÜNSTER-HANDORF
SOEST
GÖTTING
MÜNSTER-AMELSBÜHREN
ISSELBURG
BAB 1
DORTMUND
KASSEL
WALDECK
DÜSSELDORF
SIEGEN
HERLE
BAD HERSF
KÖLN
HAMM/SIEG
BONN
BAB 5
BAB 3
FULDA
KOBLENZ
BAB 7
FRANKFURT
BAD
BAB 3
BAB 48
ASCHAFFENBURG
DARMSTADT
LICHTENAU
TRIER
DEIDESHEIM
AMORBACH
MANNHEIM
EBERBACH
NECKARSTEINACH
KAISERSLAUTERN
BAB 6
HEIDELBERG
SAARBRÜCKEN
WEINGARTEN
GROSS-BOTTWAR
KARLSRUHE
STUTTGART
BADEN-BADEN
BÜHL
OFFENBURG
SEELBACH-SCHÖNBERG
VÖRSTETTEN
BAB 81
FREIBURG-KAPPEL
VOGTSBURG-STEINBERGEN
SAULG
FREIBURG
SULZBURG
EHRENKIRCHEN
MÜLLHEIM/FELDBERG
SALE
MÜNSTERTAL
KONSTANZ
LÖRRACH-INZLINGEN
BASEL

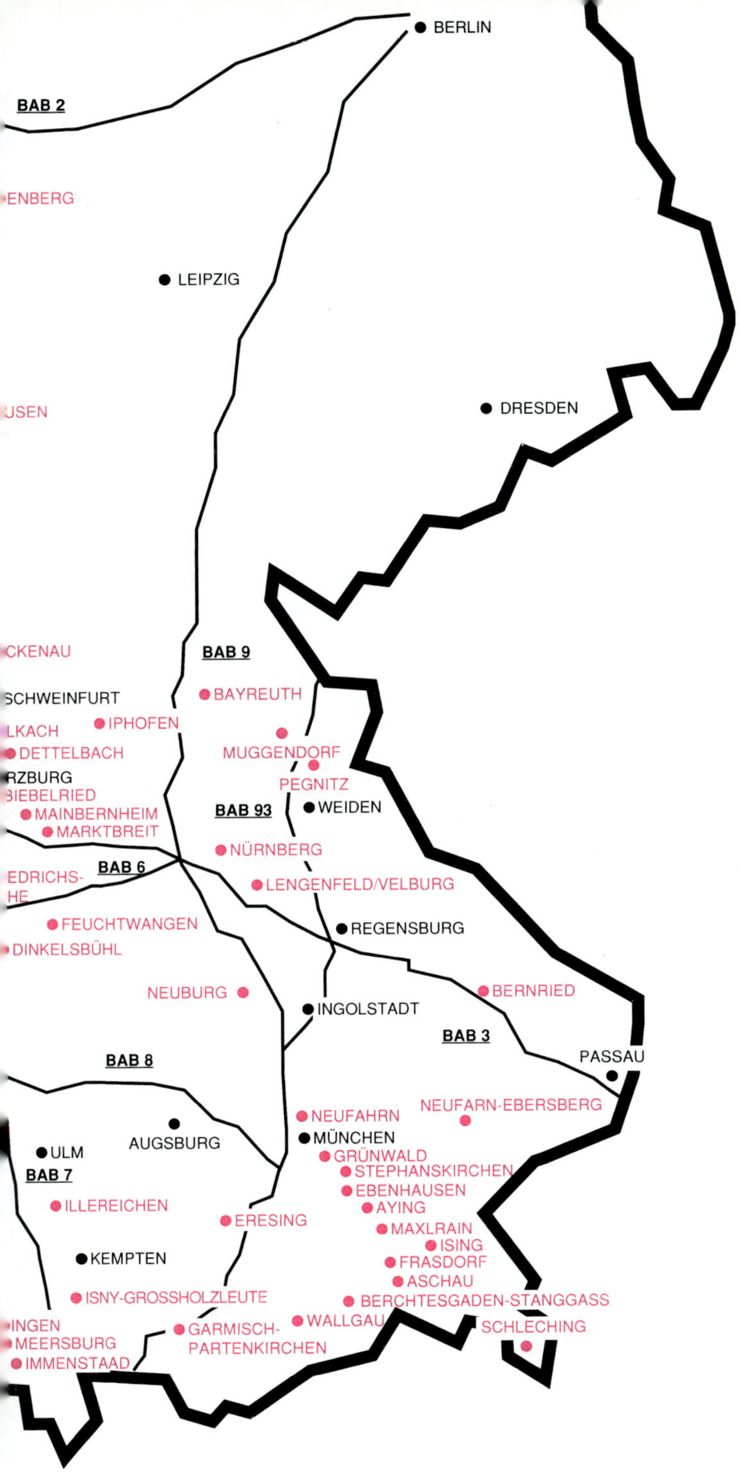

BERLIN
BAB 2
ENBERG
LEIPZIG
USEN
DRESDEN
CKENAU
BAB 9
SCHWEINFURT
BAYREUTH
IPHOFEN
LKACH
DETTELBACH
MUGGENDORF
RZBURG
PEGNITZ
BIEBELRIED
BAB 93
WEIDEN
MAINBERNHEIM
MARKTBREIT
NÜRNBERG
BAB 6
EDRICHS-
HE
LENGENFELD/VELBURG
FEUCHTWANGEN
REGENSBURG
DINKELSBÜHL
NEUBURG
BERNRIED
INGOLSTADT
BAB 3
BAB 8
PASSAU
NEUFARN-EBERSBERG
NEUFAHRN
MÜNCHEN
AUGSBURG
ULM
GRÜNWALD
BAB 7
STEPHANSKIRCHEN
EBENHAUSEN
ILLEREICHEN
AYING
ERESING
MAXLRAIN
ISING
KEMPTEN
FRASDORF
ASCHAU
ISNY-GROSSHOLZLEUTE
BERCHTESGADEN-STANGGASS
INGEN
WALLGAU
SCHLECHING
GARMISCH-
PARTENKIRCHEN
MEERSBURG
IMMENSTAAD

DER SCHAFHOF
SCHAFHOF 1
63916 AMORBACH
TELEFON: 09373 / 8088
TELEFAX: 09373 / 4120

ANREISE: von Norden kommend: BAB 5 Kassel - Frankfurt bis Gambacher Kreuz, Hanau - Seligenstätter Kreuz auf die BAB 3 Richtung Würzburg bis Abfahrt Stockstadt in Richtung Miltenberg nach Amorbach. 1
Von Süden kommend: BAB 81 Stuttgart - Würzburg, Ausfahrt Tauberbischofsheim Richtung Walldürn - Amorbach.
Von Osten kommend: BAB 3 Würzburg - Frankfurt , Ausfahrt Wertheim Richtung Miltenberg nach Amorbach oder BAB 81 Würzburg - Stuttgart, Abfahrt Tauberbischofsheim, Schnellstraße Buchen - Walldürn nach Amorbach.
In Amorbach auf der B 47 (Nibelungenstraße) und von da nach Amorbach, 1. Straße rechts vorbei an der Amorsbrunner Kapelle zum Schafhof.
ENTFERNUNG NACH: Würzburg 80 km, Heidelberg 80 km, Frankfurt/M. 80 km
KREDITKARTEN: Amex, Diners, Eurocard, Visa

HISTORISCHES HAUS AUS DEM JAHRE: 1446 / 1726
BESCHREIBUNG DES HAUSES: die Anfahrt zum Schafhof im Odenwald führt den Reisenden durch Wiesen und Wald über einen holprigen Weg zum ehemaligen Klostergut der Benediktinerabtei Amorbach. Am Ende der Strecke dann ein

mächtiges Rotsandsteingebäude, ein Kleinod, umgeben von Forellenteichen, dessen Massigkeit in dieser idyllischen Landschaft zunächst überrascht. Über eine opulente Treppe nähert sich der Gast dem Eingang. Innen dann schwere Eichenbalken, Zimmerdecken aus Holz, Sprossenfenster, in der "Pilgerstube" leichtes Bauernmobiliar, während in der "Abtstube" und der "Schäferstube" schweres Gestühl und die naturbelassenen Rotsandsteinwände die Erinnerung an die Vergangenheit wach- halten. Die Halle mit englischen Möbeln und einem Kamin runden den historischen Rahmen des Hauses ab.

Die alte Schafscheuer gegenüber dem Haupthaus erlebten wir in bäuerlichem Schmuck anläßlich eines der hier immer wieder stattfindenden Feste, wie z.B. dem "Fest auf der Tenne". Bleibt als letztes noch anzumerken: eine unsagbare Ruhe umgibt dieses sympathische Haus.

SPEIS UND TRANK: "Schafhofspezialitäten aus unserem Hühnerhof, aus unseren Fischteichen, aus unserer Schäferei und aus unserem Obstgarten "- so ließe sich das, was die Küche bietet, beschreiben.

Die Speisekarte ist erfreulich überschaubar und voller Köstlichkeiten. Als Vorspeise z.B.: Forellenfilets mit Flußkrebsen DM 46,-; Lammspezialitäten wie: Gratinierter Lammrücken mit Knoblauch-Rosmarinjus DM 54,-; Barbarieente für zwei Personen in drei Gängen serviert (die Brust am Tisch tranchiert, danach ein Sorbet zum Einstimmen auf die entbeinten Keulchen) DM 59,- pro Person;

Pflaumenkompott mit Haselnuß-Liwansen DM 18,-.
Über 300 Kreszenzen aus allen deutschen Weinanbaugebieten mit den Schwerpunkten Saar, Rheingau, Mittelrhein, Franken, und zwar von neuen und kleinen Winzern. Schoppenweine ab DM 6,50. Wenn Sie mehr über die Weine der Gastgeber wissen wollen, lesen Sie deren Ausführungen "Zur Weinphilosophie des Schafhofes".

WARME KÜCHE: 12.00 - 14.00 und 19.00 - 21.00 Uhr
PLÄTZE IM RESTAURANT: ca. 50
TAGUNGSRÄUME: ja
GARTEN / VERANDA - PLÄTZE: ca. 60 auf einer großzügigen Terrasse, auf der man von der Natur umgeben ist und den Blick auf das nahegelegene Weilbach genießen kann.
LEITUNG DES HAUSES: Dres. Charlotte und Lothar Winkler
RUHETAGE: keine
BETRIEBSFERIEN: 2. Woche Januar - ca. 10. Februar
ÖFFNUNGSZEITEN: durchgehend
ANZAHL DER ZIMMER: 14
ZIMMERPREISE: DM 155,- / 350,-
SPEZIELLE ARRANGEMENTS: Kurzurlaub für 3 Tage:
3 Übernachtungen im Doppelzimmer inkl. Frühstück und Abendmenü: DM 800,- für 2 Pers.; DM 555,- für 1 Pers..

WAS MAN UNTERNEHMEN KANN
-IM HAUS: Allwetter-Tennisplatz, Tischtennis, Garten-Schach, Boccia, Fahrradverleih.
-IN DER UMGEBUNG: Golfplatz 15 km entfernt. Der "Schafhof" veranstaltet jedes Jahr den "Relais et Chateaux-Golf-Gourmet-Cup," der 1993 am 21. August ausgespielt wird.

BEMERKENSWERTES: der Prospekt des Hauses verheißt Interessantes in unmittelbarer Nähe, z.B. im 3 km entfernten Barockstädtchen Amorbach mit der Kapelle Amorsbrunn und der Abteikirche aus dem Jahr 1745 mit der berühmten Barockorgel. Die Amorbacher Orgelmusiken finden jährlich am Oster - und Pfingstmontag sowie an 2 Sommersonntagen statt. In Kleinheubach (12 km): Löwenstein - Wertheimsches Schloß und schöner Park.

RESIDENZ HEINZ WINKLER
KIRCHPLATZ 1
83229 ASCHAU IM CHIEMGAU
TELEFON: 08052 / 1799 - 0
TELEFAX: 08052 / 1799 - 66

ANREISE: von München über die Autobahn München-Salzburg, Ausfahrt Frasdorf.
ENTFERNUNG NACH: München 100 km, Salzburg 56 km, Prien / Chiemsee 15 km.
KREDITKARTEN: Amex, Eurocard, Diners ,Visa

HISTORISCHES HAUS AUS DEM JAHRE: 1405 als "Hof-Taverne der Herrschaft Hohenaschau" erwähnt
BESCHREIBUNG DES HAUSES: schon von weitem lädt dieser auf mittelalterlichen Grundmauern errichtete Barockbau mit seinen rot-weißen Fensterläden, dem Posthorn und dem edlen Eingangsschild zur Rast ein. Die mächtigen Mauern der westlichen Gartenterrasse, dem ehemaligen Wirtsgarten, stammen noch aus dem 17. Jh. Im Inneren finden sich in zwei Räumen noch die alten Leistendecken aus der Erbauungszeit, ansonsten befindet man sich hier in einem hochwertig ausgestatteten, äußerst komfortablen modernen Refugium für eine überschaubare Anzahl von Gästen. Diese genießen die Höchstleistungen von Küche und Keller, entspannen sich in der schönen Anlage mit Arkadengängen, Terrassen, Gärten und Brunnen oder lassen sich in der hauseigenen Schönheitsfarm verwöhnen.

SPEIS UND TRANK: Heinz Winkler stellt seine anspruchsvolle "Cuisine Vitale" unter das Motto: "Kraft schöpfen, Bewußtsein entwickeln für die höchsten Genüsse des Gaumens". Dieses bietet sicher ein solches Menu: Roh marinierter Lachs mit Fenchelpüree; Lauchcreme mit Hummer; Seezungenroulade in Safran mit Tomaten; Grenadine vom Kalb in Rocquefortsauce; Kirschtorte auf Rumsahne DM 145,-. Hoher Anspruch und Edelprodukte auch auf der Karte: Gänseleber mariniert auf Frühlingssalaten mit Nüssen DM 42,-; Seewolf in der Meersalzkruste für 2 Personen DM 120,-; Piccata vom Kalb in weißer Trüffelsauce DM 49,-. Pot au Feu von Wachtelbrüstchen in Schnittlauchsauce DM 47,-. Granité in der Mandelblüte auf Orangensauce DM 18,-.

WARME KÜCHE: 12.00 - 14.30 und 18.30 - 22.30 Uhr
PLÄTZE IM RESTAURANT: 80
GARTEN / VERANDA - PLÄTZE: 100
LEITUNG DES HAUSES: Heinz Winkler
RUHETAGE: keine
ÖFFNUNGSZEITEN
-IM RESTAURANT: 12.00 - 14.30 und 18.30 und 22.30 Uhr
ANZAHL DER ZIMMER: 13 DZ; 6 Deluxe DZ; 3 Suiten, 1 Appt.
ZIMMERPREISE: Suiten: DM 450,-; DZ: DM 220,- / 350,-; Deluxe DZ: DM 370,- / 450,-; Appt.: DM 580,-
SPEZIELLE ARRAGEMENTS: der Gast kann den Aufenthalt dazu benutzen, sich im hauseigenen "Estee-Lauder-Skin-Care Center" verwöhnen zu lassen.

WAS MAN UNTERNEHMEN KANN

-IN DER UMGEBUNG: Golf, Reiten, Tennis, Ballooning; im Winter Ski, Schlittenfahrten, Eisstockschießen.

BEMERKENSWERTES: im Sommer '93 feiern die Gemeinde Aschau und die Nachbargemeinde den 150. Todestag des Komponisten und Mozart-Zeitgenossen Peter Müllner, der hier geboren wurde und tätig war.

Einen Besuch lohnt die das Tal beherrschende barocke Pfarrkirche St. Maria Lichtmeß mit schönen Deckenfresken und einer prächtigen Kanzel von 1687.

BRAUEREIGASTHOF AYING
ZORNEDINGERSTR. 2
85653 AYING
TELEFON: 08095 / 705-7
TELEFAX: 08095 / 2053

ANREISE: BAB 8 München-Salzburg, Ausfahrt Hofoldinger Forst, dann Richtung Aying, der Brauereigasthof liegt dann mitten im Ort.
ENTFERNUNG NACH: München ca. 30 km (mit der S-Bahn ca. 40 min.)
KREDITKARTEN: Amex, Diners, Eurocard

HISTORISCHES HAUS AUS DEM JAHRE: ca. 1385
BESCHREIBUNG DES HAUSES: in einem Bilderbuchdorf aus dem 8.Jh. liegt dieser sympathische Gasthof. Der bodenständige Familienbetrieb wird in sechster Generation geführt. Die traditionelle Einheit von Brauerei, Gasthof und Landwirtschaft prägt hier den Stil des Hauses.
Ländliche Behaglichkeit empfängt den Gast wenn auch ein bißchen anspruchsvoller als anderswo. Im Sommer ist die Hausfassade dicht begrünt.

SPEIS UND TRANK: hier ist die bayerische Küche aus sechs Jahrhunderten zu Hause. Man orientiert sich an Rezepten aus alten Kochbüchern und verwendet dabei nur erntefrische Produkte der Saison aus eigenem Anbau, eigener Zucht und eigener Jagd.

4-gängiges Menü DM 90,-: Blattsalate aus unserer Gärtnerei mit gebratenem Spanferkelfilet; Brennesselrahmsuppe mit Crevetten, Spargel Königliche Art mit Hummerkrabben, Tomaten und Sauce Mornay, Gratin von Rhabarber und Erdbeeren.

Aus der Karte: Ayinger Suppe, aufgeschmolzen mit Speck, Zwiebeln, Ei und Leberwurst DM 9,80; Milchlammkotelett mit sautierten frischen Morcheln, grünem Spargel und Vollkornschnitten DM 46,-; Spanferkelrücken auf Rotter Knoblauch-Käsesauce mit Linsengemüse und frittierten Schwarzwurzeln DM 32,-; Tournedos auf Kartoffelpflanzl mit grünem Erbsenpüree, Tomatenwürfeln und Madeirasauce DM 39,80; Kaiserschmarrn mit Wildpreiselbeeren DM 14,-.

Aus der Privatbrauerei werden übers Jahr über ein Dutzend Spezialbiere ausgeschenkt, wie das Ayinger Altbayerisch Dunkel oder der Ayinger Weihnachtsbock.

WARME KÜCHE: 11.30 - 14.30 und 18.00 - 21.30 Uhr
PLÄTZE IM RESTAURANT: ca. 110
GARTEN / VERANDA - PLÄTZE: ca. 150
LEITUNG DES HAUSES: Familie Franz Inselkammer
RUHETAGE: keine
BETRIEBSFERIEN: nur im Restaurant: Mitte Januar bis Anfang Februar (genaue Zeit erfragen)

ÖFFNUNGSZEITEN: 7.00-23.00 Uhr
ANZAHL DER ZIMMER: 25 DZ; 3 EZ:
ZIMMERPREISE: DZ: DM 260,- / 300,- EZ: DM 160,- /200,-

WAS MAN UNTERNEHMEN KANN
-IM HAUS: die Wirtsleute veranstalten im Juni die "Ayinger Bierwoche" mit Spezialitäten mit Bier zum Bier; die "Käsewoche" im Oktober und die "Tiroler Woche" im November.
-IN DER UMGEBUNG: Golf, Schwimmen.

BEMERKENSWERTES: neben der Pfarrkirche St. Andreas mit dem Zwiebelturm ist der 1583 erbaute Sixthof zu besichtigen, das älteste Bauernhaus des Landkreises München, ein Museumshof voller alter Bauernherrlichkeiten.
Sehenswert ist auch die St. Emeram-Kirche in Kleinhelfendorf

GASTHOF ZUM STERN
ALTSTADT 6
97769 BAD BRÜCKENAU
TELEFON: 09741 / 780 + 789
TELEFAX: 09741 / 1368

ANREISE: BAB 7 Kassel - Würzburg, hinter Fulda Ausfahrt Bad Brückenau, im Ortszentrum gelegen
ENTFERNUNG NACH: Schweinfurt 50 km
KREDITKARTEN: Visa

HISTORISCHES HAUS AUS DEM JAHRE: 1578
BESCHREIBUNG DES HAUSES: schon von weitem hebt sich der "Stern" von den übrigen Häusern durch seine liebevoll verzierte und mit Blumen geschmückte Fassade sowie dem alten Wirtshausschild, dem unübersehbaren Wahrzeichen des Hauses, ab.
Seit mehr als 112 Jahren lädt die Familie Schäfer in ihr historisches Wirtshaus in der Altstadt ein. Im nahegelegenen Standesamt werden rund um die Uhr Trauungen vorgenommen, und nach einem fränkischen Hochzeits-Menü in der "Rhöner Bauerndiele" geht´s ins Hochzeitszimmer mit Himmelbett. Alle Gästezimmer sind schlicht ländlich und ohne Schnickschnack eingerichtet. Die niedrigen Decken verbreiten Atmosphäre. Ob an der Theke, am Kachelofen, im Bier- und Weinkeller, in der Wirtsstube oder im bayrischen Biergarten - überall ist es behaglich in dieser Gastwirtschaft mit fränkisch-bayrischem Flair.

SPEIS UND TRANK: die "Stern"-Küche reicht von Rhöner und unterfränkischen Schmankerln für bärigen Heißhunger bis zu Gerichten "aus den königlich-bayerischen Schloß- und Hofküchen", die nicht nur delikat zubereitet sind (schließlich ist Küchenmeister Alfred Schäfer seit 1991 Ehrenpreisträger der bayerischen Küche), sondern auch jedes einen geschichtlichen Bezug hat. So kann man die "von der Gemahlin seiner Majestät Ludwig I. bevorzugte Schaumcremesuppe von frischem Gemüse mit Schlagrahm überbacken" probieren (DM 5,80), oder den "Marinierten Rinderbraten Boeuf à la Mode" (DM 14,80), den Prinzregent Luitpold im Familienkreis zu genießen pflegte. Auch heute noch steht ein "Dessertteller mit frischen Früchten", der Art wie ihn der Urgroßvater des Wirts, Oberkellner des Königs Ludwig I., seiner Herrschaft servierte, auf der Karte des "Stern" (DM 6,80).

Im Ausschank sind bayrische Rhönbiere und Frankenweine. Aus eigener Destille kommt der feinste Hausbrannt. Wenn gebrannt wird, gibt es frisches Kesselfleisch.

WARME KÜCHE: 11.00 - 14.00 und 18.00 - 22.00 Uhr
PLÄTZE IM RESTAURANT: 60
GARTEN / VERANDA - PLÄTZE: einige Plätze im Biergarten

LEITUNG DES HAUSES: Alfred Schäfer
RUHETAGE: keine
BETRIEBSFERIEN: keine
ÖFFNUNGSZEITEN: 11.00 - 14.00 und 18.00 - 1.00 Uhr

ANZAHL DER ZIMMER: 6 DZ; 2 EZ
ZIMMERPREISE: EZ DM 65,-; DZ: DM 150,-

BEMERKENSWERTES: dieses Haus beherbergt übrigens das einzige Museum in einem bayrischen Wirtshaus, worauf der Wirt besonders stolz ist.
Schauen Sie sich im nahegelegenen Bad Kissingen die katholische Stadtpfarrkirche St. Jakob an, ein gutes Beispiel des frühen Klassizismus mit Ausstattung barockem und klassizistischem Inneren; oder den Riemenschneider-Altar in Münnerstadt und die Kirchenburg in Ostheim.

KURHOTEL BAD DOBERAN-HEILIGENDAMM
AM KAMP
18209 BAD DOBERAN
TELEFON: 038203 / 3036
TELEFAX: 038203 / 2126

ANREISE: gelegen in der Nähe der B 105 Lübeck-Rostock, die durch den Ort führt.
ENTFERNUNG NACH: Rostock 10 km, Wismar 30 km, Ostsee 5 km
KREDITKARTEN: Amex, Eurocard, Diners, Visa

HISTORISCHES HAUS AUS DEM JAHRE: 1793
BESCHREIBUNG DES HAUSES: dies ist das erste Haus in den neuen Bundesländern, das wir für erwähnenswert befanden. Ein Glücksfall in seiner Gesamtheit: ein wunderbares Ortsambiente und das älteste erhaltene Hotel an der Ostseeküste. 1793 als Logierhaus des Herzogs Friedrich Franz von Mecklenburg erbaut,wurde es 1992 aufwendig und stilsicher renoviert. Die strahlendweiße Fassade ist ein Teil des klassizistischen Gesamt-Ensembles. Das Innere ist mit Stichen und Skizzen aus der Geschichte Bad Doberans und leichten Möbeln im Biedermeierstil dekoriert.

Die Gasträume vermitteln Heiterkeit.

SPEIS UND TRANK: Mecklenburgische Gerichte: Gemüseeintopf DM 13,-, Börgerender Schmandhering mit Kartoffeln DM 15,-; ein Mecklenburger Menü besteht z.B. aus: Karottensuppe, Hausgemachtem Rippenbraten mit Rotkohl und Petersilienkartoffel und Roter Grütze und kostet DM 29,50. Neun offene Weine deutscher wie französischer Provenienz. Ca. 20 verschiedene Flaschenweine ab DM 19,50

WARME KÜCHE: 12.00 - 14.00 und 18.00 - 23.00 Uhr
PLÄTZE IM RESTAURANT: 50
TAGUNGSRÄUME: 5, u.a. Barocksaal mit 10 - 250 Plätzen
GARTEN / VERANDA - PLÄTZE: 50 mit Blick auf den klassizistischen Kamp mit Parkanlage
LEITUNG DES HAUSES: Familie Metz, Marita Lerbs
RUHETAGE: keine
BETRIEBSFERIEN: keine
ÖFFNUNGSZEITEN
-IM RESTAURANT: 7.00-14.00 und 17.00-24.00 Uhr
ANZAHL DER ZIMMER: 60 (Einzel-, Doppel- und Dreibettzimmer stehen dem Gast zur Verfügung)
ZIMMERPREISE: z.B: Halbpension pro Person ab DM 99,-

WAS MAN UNTERNEHMEN KANN
-IM HAUS: Sauna und Solarium
-IN DER UMGEBUNG: der Strand von Bad Doberan/Heiligendamm ist 5 min. entfernt. Das Hotel vermittelt Segelboote

und Surfkurse, Jagd- und Angelmöglichkeiten, Reitstunden und Kutschfahrten.

BEMERKENSWERTES: das Stadtbild von Bad Doberan wird zum einen bestimmt durch das1294-1368 erbaute Münster und das dazugehörige Zisterzienser-Kloster, zum anderen durch das schon erwähnte klassizistische Gebäude-Ensemble am Kamp, entworfen von Carl Theodor Severin.

ZUM STERN
LINGGPLATZ 11
36251 BAD HERSFELD
TELEFON: 06621 / 189 - 0
TELEFAX: 06621 / 189-260

ANREISE: BAB 7 Kassel - Würzburg, Abfahrt Bad Hersfeld, im Ort in Richtung "Parkhaus Neumarkt", dann durch die Webergasse in den hauseigenen Autohof.
ENTFERNUNG NACH: Kassel 70 km; Frankfurt 150 km
KREDITKARTEN: Amex, Diners, Eurocard, Visa

HISTORISCHES HAUS AUS DEM JAHRE: Grundmauern aus dem Jahre 800 (war eine Übernachtungsschenke), seit 1411 Gasthaus
BESCHREIBUNG DES HAUSES: der zentralen Lage innerhalb Deutschlands wird dadurch Rechnung getragen, daß sich der "Stern" auch zurückhaltend als das "Tor zum Osten" bezeichnet. Sicherlich kann man sagen, daß er das erste Haus am Platze ist. Die Gaststube mit den hohen Wandtäfelungen und Möbeln aus Holz strahlt eine anspruchsvolle Gemütlichkeit aus. Die Decke wird getragen von einer einzigen, imposanten Holzsäule. Die alten Gästezimmer sind aufwendig restauriert und haben individuelle Namen und Interieurs, teilweise mit Himmelbetten. Auch im neuen Trakt sind die Zimmer ansprechend. Während der Festspielzeit sind Tische und Zimmer stets ausgebucht.

SPEIS UND TRANK: weithin bekannt ist die Küche des Hauses: das 5-gängige "Romantik-Menü" DM 83,50, das 4-gängige "Hessen-Menü" mit regionalen Spezialitäten DM 65,-, und unter dem Motto "Kunst und Menü" wird z.B. diese Speisefolge serviert: Hausgeräucherter Salm mit Joghurt-Kräuter-Sauce, Kressebaguette; Tomatensuppe mit Mozzarella; Gefüllte Maispoularde mit Lauch-Chicoree-Gemüse, Paprikacreme, Schupfnudeln; Brombeerkaltschale mit Mousse und Eis aus weißer Schokolade, oder Sülze von Schafsmilchjoghurt (DM 62,-). Die Gerichte à la carte wechseln mit dem Angebot des Marktes: Aufgeschlagene Gurkencreme mit Dill DM 9,-; Meerzunge und schottischer Lachs im Timbal pochiert auf Tomatengemüse mit neuen Kartoffeln DM 29,80; Kalbsplätzchen mit Zucchini, Mozzarella und Basilikum gefüllt, auf Champignon-Bohnen-Gemüse und Schupfnudeln DM 34,50.

Große Auswahl an guten Weinen.

WARME KÜCHE: 12.00 - 14.00 und 18.00 -22.00 Uhr

Theaterkarte: 22.00 - 24.00 Uhr und später

PLÄTZE IM RESTAURANT: 120, die Stuben: 80

GARTEN / VERANDA - PLÄTZE: 60

LEITUNG DES HAUSES: Familie Kniese

RUHETAGE

-IM RESTAURANT: Freitag bis 18.00 Uhr

-IM HOTEL: keine

BETRIEBSFERIEN: Januar (Hotel ganzjährig geöffnet)

ÖFFNUNGSZEITEN: 12.00 - 14.00 und 17.45 - 1.00 Uhr

ANZAHL DER ZIMMER: 52

ZIMMERPREISE: DZ: DM 190,- / 235,-; EZ: DM 112,- / 147,-
SPEZIELLE ARRANGEMENTS: phantasievolle Wochenend-Arragements wie z.B. ein "Lyrisches Wochenende": 3 Tage mit hessischen Gerichten und Weinen, begleitet von einem Programm mit Lyrik und Prosa zu den regionalen Spezialitäten und einerStadtführung (DM 396,50 pro Person im DZ); ein "Wandersames Gourmet-Wochenende" mit Wanderung und Picknick; ein Wochenende auf Luthers Spuren mit einem Ausflug zur Wartburg. Die Gastgeber organisieren auch Unternehmungen, die Kindern Spaß machen.

WAS MAN UNTERNEHMEN KANN
-IM HAUS: Schwimmbad (Liegewiese - also eine Annehmlichkeit anstatt oder für die Zeit nach dem Sport)
- IN DER UMGEBUNG: Golf, Squash, Tennis, Reiten und Kutschfahrten. In 3 km Entfernung ein Kräuter-Wanderweg. Am ersten Juni-Wochenende wird ein Jazz-Wochenende mit mehr als 10 Bands veranstaltet.

BEMERKENSWERTES: der "Stern" liegt in der romantischen, restaurierten Altstadt aus dem 8.Jh., die einen Besuch ebenso lohnt wie die gotische Stadtkirche, dem Wahrzeichen Bad Hersfelds.
Die Ruine der Stiftskirche, die größte romanische Kirchenruine Deutschlands, ist die Spielstätte der Bad Hersfelder Theater-Festspiele, die jedes Jahr von Juni bis August stattfinden. Weitere regelmäßig stattfindende Theaterereignisse in der näheren Umgebung: Ende Juli bis Anfang August: Theater im Eichhof (4 km entfernt), zur Aufführung kommen "Possen mit Gesang"; im Wasserschloß Friedewald (20 km entfernt): Musik- und Sprechtheater-Aufführungen im Juli.
Als das älteste Volksfest Deutschlands gilt das Bad Hersfelder "Lukullusfest", es findet von Montag bis Sonntag in der Woche statt, in die der 16. Oktober, der Todestag des Stadtgründers Abt Lukullus, fällt.

RESTAURANT
SCHLOSS NEUWEIER
MAUERBERGSTRAßE 21
76534 BADEN-BADEN
TELEFON: 07223 / 57944
TELEFAX: 07223 / 58933

ANREISE: BAB 5 Karlsruhe - Basel, Ausfahrt Baden-Baden, dann auf der B 3 in Richtung Bühl, Abfahrt Steinbach, von dort aus nach Neuweier.
ENTFERNUNG NACH: Karlsruhe 50 km, Straßburg 50 km, Baden-Baden 10 km
KREDITKARTEN: Amex, Eurocard

HISTORISCHES HAUS AUS DEM JAHRE: Wasserburg aus dem 12. Jahrhundert
BESCHREIBUNG DES HAUSES: diese Landschaft ist reich an badischer Gasthaustradition. Zu den Häusern mit hohem Niveau gehört das in Rebhänge eingebettete Schloß Neuweier, das in diese liebliche Landschaft bestens paßt. Man betritt das Haus über die Zugbrücke, und über einen malerischen Vorhof gelangt man zu den Gasträumen. Jedes der verwinkelten Gastzimmer ist in einem anderen Stil eingerichtet. Reben- und Weinmotive, Wandteller und andere liebevolle Einzelheiten schaffen die Atmosphäre einer Weinstube.
Manche Fenster lassen einen Blick auf den Schloßgraben zu. Alles in allem bieten die Räume eine gelungene Mischung aus historischem Ambiente und zeitgenössischen

Annehmlichkeiten wie schönem Geschirr oder liebevoll eingedeckten Tischen.

SPEIS UND TRANK: gehobene badische Küche mit leichtem französischen Akzent. Wir fanden folgende interessante Angebote: Badisches Menü DM 62,- bestehend aus: Terrine von Lachs und Kräuterquark; Kalbsnierle auf Senfsauce mit Kartoffelstrudel; Badische Charlotte mit Erdbeeren.
À la carte: Kutteln in badischem Riesling mit Gemüsestreifen DM 18,-; "Das beste aus dem Sud" - Rinderbrust, Kalbszüngle, Bries und Maultäschle mit Meerettischsauce, Bouillonkartöffele uns Salat DM 26,-; Rücken vom Mai-Bock "Baden-Baden" mit Spätzle und Schupfnudeln ab 2 Personen je DM 49,-. Das Motto auf der Speisekarte paßt auch auf dieses Buch:
"Man soll seinem Leib etwas bieten, damit die Seele Lust hat, darin zu wohnen." (Winston Churchill).
Sehr gute Weine vom Haus.
WARME KÜCHE: 12.00 - 14.00 und 18.00 - 21.45 Uhr
PLÄTZE IM RESTAURANT: 75
GARTEN / VERANDA - PLÄTZE: wunderbarer malerischer Innengarten mit Blick auf die umliegenden Rebhänge.

LEITUNG DES HAUSES: Barbara und Karl-Heinz Beck
RUHETAGE
-IM RESTAURANT: Dienstag
-IM HOTEL: keine
BETRIEBSFERIEN: keine

ÖFFNUNGSZEITEN
-IM RESTAURANT: 12.00 - 24.00 Uhr
ANZAHL DER ZIMMER: die Gastgeber empfehlen das nahegelegene Gästehaus Hotel Heiligstein Tel.: 07223/520

WAS MAN UNTERNEHMEN KANN
-IM HAUS: Sauna, Whirlpool
-IN DER UMGEBUNG: Tennis und Golf in der Nähe.

BEMERKENSWERTES: Sie sollten in jedem Falle ein paar Flaschen des ausgezeichneten Weines vom Weingut Schloß Neuweier (Tel.: 07223 / 5340) mitnehmen.
Was man in Baden-Baden besichtigen sollte: natürlich die berühmte Spielbank (für Besucher täglich von 9.00 - 11.00 Uhr geöffnet), Caracalla-Therme und Friedrichsbad (sonn- und feiertags gschlossen), sowie das 1992 restaurierte Theater am Goetheplatz.
Interessante Veranstaltungen: Musikalischer Sommer Baden-Baden, Stadt- und Bäderfest Baden-Baden (in der 2. August-Woche), Mittelalterliche Winzertage in Steinbach und das Rebenblüten-Fest in Neuweier (bitte fragen Sie die Gastgeber nach den genauen Terminen). Nicht zu vergessen: die internationalen Pferderennen in Iffezheim: das Frühjahrsmeeting Ende Mai und die Große Woche Iffezheim Ende August.

SCHLOSS THIERGARTEN
OBERTHIERGÄRTNERSTR. 36
95448 BAYREUTH
TELEFON: 09209 / 1314 + 1315
TELEFAX: 09209 / 1829

ANREISE: BAB 9 Nürnberg-Berlin, Ausfahrt Bayreuth Süd, weiter in Richtung Wolfsbach nach Thiergarten.
ENTFERNUNG NACH: Nürnberg 80 km
KREDITKARTEN: Amex, Diners, Eurocard, Visa

HISTORISCHES HAUS AUS DEM JAHRE: 1720
BESCHREIBUNG DES HAUSES: auch außerhalb der Festspielzeit lohnt es, dieses Barockschlößchen zu besuchen. Im Auftrag von Markgraf Georg Wilhelm wurde es von Baumeister Räntz als Jagdschloß für die Rotwildjagd errichtet. Besonders sehenswert ist der barocke Kuppelsaal. Der venezianische Salon mit den Lüstern aus Muranoglas eignet sich bestens für alle Festlichkeiten. Ob in der Halle mit dem Kamin oder in einem der Salons, überall ist der Rahmen erlesen und großzügig. Trotz der Eleganz wirkt nichts kühl distanziert, auch dank des erstklassigen, unaufdringlichen Services. Die Zimmer haben jeden Komfort und hochwertige Einrichtungen. Der idyllische große Garten mit den hohen, schattenspendenden Bäumen lädt zum Verweilen ein.

SPEIS UND TRANK: der äußerst umsichtige und kenntnisreiche Maitre d`Hotel Andreas Esztolyka wird Sie hinsichtlich

der Speisen und Weine gut beraten. Ein Beispiel für das 7-gängige, sehr kreative Schloß-Menüs für DM 108,-: Spargelsalat mit Kaninchenleber; Morchelessenz; Zanderfilet im Strudelteig auf Safransauce; Johannisbeersorbet; Lammrücken in Bärlauchkruste mit gratinierten Kartoffeln und-Kohlrabigemüse; Mousse von Bavaria Blu mit Birnensalat; Schokoladenterrine auf Passionsfruchtmark mit Erdbeerkrapfen.

Eine gut sortierte Weinkarte mit ca. 250 verschiedenen Lagen und Jahrgängen.

WARME KÜCHE: 11.00 - 14.00 und 18.00 - 22.00 Uhr (mittags ein Menü-Vorschlag mit drei Gängen, keine Karte)
PLÄTZE IM RESTAURANT: ca. 250 in 6 Räumen
GARTEN / VERANDA - PLÄTZE: 60 in einem schönen parkähnlichen Garten
LEITUNG DES HAUSES: Renate und Harald Kaiser
RUHETAGE: Sonntag ab 18.00 Uhr und Montag außer Juli und August
BETRIEBSFERIEN: keine
ÖFFNUNGSZEITEN: 6.00 - 23.00 Uhr
ANZAHL DER ZIMMER: 8 DZ
ZIMMERPREISE: DZ: DM 220,-/260,-; als EZ: DM 130,-/150,-

BEMERKENSWERTES: Altes und Neues Schloß mit Eremitage und Park, evangelische Pfarrkirche, eine der ansehnlichsten gotischen Pfarrkirchen in Oberfranken, Festspielhaus, Villa Wahnfried mit Richard-Wagner-Museum.

HOTEL GEIGER
83462 BERCHTESGADEN/STANGGASS
TELEFON: 08652 / 5055 <965555>
TELEFAX: 08652 / 5058 <965400>

ANREISE: BAB 8 München-Salzburg, Ausfahrt Bad Reichenhall, dann auf der B 20 über Bad Reichenhall nach Berchtesgaden; von Salzburg auf der B 305 in Richtung Berchtesgaden.
ENTFERNUNG NACH: Salzburg 20 km
KREDITKARTEN: Visa

HISTORISCHES HAUS AUS DEM JAHRE: 1430
BESCHREIBUNG DES HAUSES: dieses nahe der deutsch-österreichischen Grenze gelegene Haus zeichnet sich zum einen durch seine Lage in einer idyllischen, zauberhaften Voralpenlandschaft mit Blick auf den Nationalpark aus; zum anderen spürt der Gast, daß dieses Haus seit vier Generationen in Familienbesitz ist und damit eine gewachsene Tradition besitzt, die sich in der Behaglichkeit des Hauses überall niederschlägt.
Durch die Saaltür mit ihren Butzenscheiben gelangt man in in den stimmungsvollsten Raum dieses Hotels: den alten Speiseraum mit seiner schweren Kassettendecke, den hellen holzvertäfelten Wänden, den Kerzenleuchtern , den bäuerlichen Armlehnenstühlen und den vielen geschichtsträchtigen Requisiten an den Wänden - alles ein wenig kultivierter als anderswo. Dann ein harmonischer Übergang zum großen

Gesellschaftsraum- dem Kaminzimmermit schwerem Mobiliar, einem Barockschrank und Gemälden von Fritz von Uhde. Der kleine Gesellschaftsraum neben dem Haupteingang ist mit leichten Möbeln aus der Biedermeierzeit ausgestattet.

SPEIS UND TRANK: anspruchsvolle regionale Küche mit internationalem Einschlag, z.B. ein dreigängiges Menü: Cremesuppe vom Fenchel mit Fischnockerln; Lachsschnitte vom Grill an lauwarmer Himbeervinaigrette, Kaiserschoten, Waffelkartoffeln; Schokoladencreme auf frischen Erdbeeren DM 48,-. Saisonspezialitäten wie z.B.: Spargel: Tofuterrine mit Spargel und Lachs DM 21,-; Spargel mit Sampi auf Bärlauchnudeln DM 38,- / kleine Portion DM 21,-.
Gute Auswahl an deutschen und französischen Weinen.
WARME KÜCHE: 1 2.00 - 14.00 und 18.00 - 21.00 Uhr
PLÄTZE IM RESTAURANT: 90
GARTEN / VERANDA - PLÄTZE: 45 (schöner Blick auf die umliegenden Gebirgsketten)
LEITUNG DES HAUSES: Familie Geiger
RUHETAGE: keine
BETRIEBSFERIEN: keine
ÖFFNUNGSZEITEN: 7.00 bis 24.00 Uhr
ANZAHL DER ZIMMER: 32 DZ , 18 EZ, 3 Appartments, 12 kleine (von allen Zimmern hat man einen Alpenblick; diese sind teilweise bäuerlich und zweckmäßig)
ZIMMERPREISE: DZ: DM 160,-/300,-;EZ: DM 120,-/180,- App.: DM 300,-/600,-

WAS MAN UNTERNEHMEN KANN
-IM HAUS: Hallenschwimmbad, Fitness, Sauna
-IN DER UMGEBUNG: Tennis, Golf, Reiten, Drachenfliegen, Gleitschirmfliegen, alles im Ort

BEMERKENSWERTES: samstags Bayrische Abende mit Zithermusik. Sollten Sie Lust auf frische Gebirgsbach-Forellen haben oder frischen Saibling, dann fahren Sie zum "Seewirt Thumsee" bei Bad Reichenhall, nicht weit vom Geiger entfernt.
Zu besichtigen: die ehemalige Stiftskirche St. Peter u. Johannes aus dem 12.Jh. mit barocken Elementen; das Schloß u.a. mit romanischem Kreuzgang; das Heimatmuseum und der Königsee mit St.Bartholomä.

SCHLOSSHOTEL EGG
944505 BERNRIED-EGG
TELEFON: 09905 / 289
TELEFAX: 09905 / 691

ANREISE: BAB 3 Regensburg-Passau, Abfahrt Deggendorf und dann kurz paralell der B 11 nach Egg
ENTFERNUNG NACH: Passau 40 km, Regensburg 80 km
KREDITKARTEN: Diners, Eurocard

HISTORISCHES HAUS AUS DEM JAHRE: 1100
BESCHREIBUNG DES HAUSES: hier erwartet Sie eine regelrechte Trutzburg von beeindruckenden Dimensionen. Es fehlen weder Ringmauer noch Fallgitter oder gruselige Verliese; auch eine Schloßkapelle, in der sich weniger Abscheuliches abgespielt hat, ist noch vorhanden. Das historische Wirtschaftsgebäude gegenüber vom Schloß beherbergt den gastronomischen Teil der Anlage. Das Restaurant ist an einem großen Tonnengewölbe untergebracht und mit zahlreichen historischen Requisiten versehen. Überall spürt man die Geschichtsträchtigkeit dieses Platzes.

SPEIS UND TRANK: internationale Gerichte, aber auch sympathische Deftigkeiten sowie Weine aus den verschiedensten deutschen und europäischen Anbaugebieten.

WARME KÜCHE: 11.30 - 22.00 Uhr
PLÄTZE IM RESTAURANT: 80; Remise 120 Plätze

GARTEN / VERANDA - PLÄTZE: 200
LEITUNG DES HAUSES: Christine Fellner
RUHETAGE
-IM RESTAURANT: keine
-IM HOTEL: keine
BETRIEBSFERIEN: keine
ÖFFNUNGSZEITEN: 7.00 - 24.00 Uhr
ANZAHL DER ZIMMER: 6 Appartements
ZIMMERPREISE: Appt. für 2 Personen DM 170,- / 190.-
für 1 Person: DM 110,-

HOTEL LANDGASTHOF LEICHT
WÜRZBURGERSTR. 3
97318 BIEBELRIED
TELEFON: 09302 / 814
TELEFAX: 09302 / 31 63

ANREISE: BAB 3 Frankfurt - Nürnberg, Abfahrt Rottendorf/Biebelried oder BAB 7 Hannover - Rothenburg/Ulm, Abfahrt Kitzingen/Biebelried
ENTFERNUNG NACH: Würzburg 12 km, Nürnberg 100 km
KREDITKARTEN: Amex, Diners, Eurocard, Visa

HISTORISCHES HAUS AUS DEM JAHRE: 1469
BESCHREIBUNG DES HAUSES: ein altfränkischer Gasthof, der schon 1469 als "Wirtshaus mit Schenk- und Hofstatt" in freies Eigentum abgegeben wurde. Er beeindruckt durch seine weiträumige Hofanlage mit der angeschlossenen Wallfahrtskirche. Das Haus ist seit vier Generationen im Besitz der Familie Leicht. Wenn man den Innenhof betritt, fühlt man sich in eine andere Zeit versetzt. Durch die gediegene Eingangshalle gelangt man in die unterschiedlichen, ausgesprochen gemütlichen Gaststuben, die gepflegte Behaglichkeit vermitteln. Besonderer Erwähnung bedarf die allgegenwärtige Freundlichkeit und Hilfsbereitschaft der Familie Leicht und ihrer Mitarbeiter.

SPEIS UND TRANK: regionale Spezialitäten in verfeinerter Form sowie überregionale gehobene Küche , z.B. Rinderbrust

"fränkisch" mit Meerrettichsauce, Preiselbeeren und Nudeln DM 22,-; Lammrücken im Kräutermantel, dazu Gemüse vom Markt und Gratinkartoffeln (ab 2 Personen) pro Person DM 36,-; Rehmedaillons in Preiselbeersauce mit Waldpilzen, Mandel-Brokkoli und Eierspätzle DM 35.; daneben aber auch Sympathisch-deftiges wie Blaue Zipfel, Bratwurst, Leberwurst und Knäudele aus eigener Schlachtung, dazu Selbstgebranntes (altes Brennrecht).

Den zahlreichen wunderbaren Weinen der Gegend kann man nicht widerstehen. Fragen Sie Frau Leicht, ob Sie ein paar fränkische Bocksbeutel erwerben können.

WARME KÜCHE: 11.00 - 23.00 Uhr
PLÄTZE IM RESTAURANT: 125
GARTEN / VERANDA - PLÄTZE: 20 im Innenhof
LEITUNG DES HAUSES: Georg und Helga Leicht
RUHETAGE
-IM RESTAURANT: Sonntag
-IM HOTEL: keine
BETRIEBSFERIEN: 23.12. - Anfang Januar
ÖFFNUNGSZEITEN: 6.00 - 24.00 Uhr
ANZAHL DER ZIMMER: 33 DZ; 35 EZ; 2 Appts.
ZIMMERPREISE: DZ: DM 160,- / 210,- EZ: DM 100,- /140,-

WAS MAN UNTERNEHMEN KANN
-IM HAUS: erfragen Sie bei den Gastgebern den Termin des festlichen "Advent in Franken".
-IN DER UMGEBUNG: Tennis, Squash, Golf. Gut ausgebaute Rad- und Wanderwege. Besuchen Sie eines der zahlreichen

Wein- und Winzerfeste in der Umgebung, oder machen Sie eine Bootsfahrt auf dem Main. Wenn Sie Lust haben, die mittelalterlichen Städtchen der näheren Umgebung zu besichtigen, empfehlen sich besonders Kitzingen, Volkach und Ochsenfurth.

BEMERKENSWERTES: in der 1822 errichteten Pfarrkirche sind zwei Werke Riemenschneiders zu bewundern: Kruzifixus und Salvator. Das Haus hält im übrigen ein Blättchen bereit, aus dem Sie Vorschläge für reizvolle Tagesfahrten ins Frankenland entnehmen können.

HISTORISCHES GASTHAUS BUSCHKAMP
IM MUSEUMSHOF SENNE
BUSCHKAMPSTR. 75
33659 BIELEFELD
TELEFON: 0521 / 492800
TELEFAX: 0521 / 493388

ANREISE: BAB 2 Hannover-Dortmund, Abfahrt Bielefeld-Sennestadt in Richtung Bielefeld-Brakwede, nach 1 km Kreuzung nach links, Richtung Gütersloh-Friedrichsdorf. Nach der14. Laterne links, "Museumshof-Gaststätten".
ENTFERNUNG NACH: Bielefeld 10 km, Paderborn 40 km, Hannover 90 km.
KREDITKARTEN: Eurocard

HISTORISCHES HAUS AUS DEM JAHRE: 1811 mit 150jähriger Gasthaus-Tradition
BESCHREIBUNG DES HAUSES: entfernt von städtischer Hektik liegt dieses ausgesprochen kenntnisreich und mit wenig neuen Materialien restaurierte Fachwerk-Kleinod aus romanischer Zeit.
Die schiefen Türen, die schweren Zimmerbalken, der Fußboden aus Pickstein und Anrichter Platten, die geflochtenen Binsen-Stühle: alles ist im Originalzustand. Im Inneren liebevoll zusammengetragene antike Lampen aus der Zeit des Biedermeier und des Jugendstil.
Im Herbst 1993 wird der historische Gewölbekeller für den Ausschank von Wein und Schnaps eröffnet.

SPEIS UND TRANK: gelungene Kombination von traditioneller westfälischer Küche in leichter, gesunder Zubereitung. Gastgeber und Küchenchef Ernst-Heiner Hüser verwendet Bio-Produkte und Kräuter und Gemüse aus eigenem Garten. Ein Menu für DM 65,- enthält z.B.: Räucherlachs mit Reibeplätzchen und Kräuterkrem; Rote-Bete-Suppe mit Bauernschmand; Rosa gebratene Entenbrust auf Orangen-Pfeffersoße mit Brokkoligemüse und Kartoffelzopf; Orangenhalbgefrorenes mit Pflaumensoße. Westfälische Spezialitäten von der Karte: Schnäuzchen und Schweineohren auf Linsengemüse mit Kräutern überbacken DM 11,50,-; Hausgemachter Kastenpickert, Leberwurst und Pflaumenmus DM 9,80; Gepökelte und kross gebratene Entenkeulen mit Rotkohl und Bratkartoffeln DM 21,50; außerdem westfälische Wurst- und Schinkenspezialitäten von kleinen Bauernhöfen der Gegend.

WARME KÜCHE: 12.00 - 14.30 und 18.00 - 22.30 Uhr, dazwischen und danach kleine Karte.
PLÄTZE IM RESTAURANT: 80

GARTEN / VERANDA - PLÄTZE: 70, schöner Garten mit Holzgestühl
LEITUNG DES HAUSES: Ernst-Heiner Hüser
RUHETAGE: keine
BETRIEBSFERIEN: keine

ÖFFNUNGSZEITEN
-IM RESTAURANT: 11.00 - 24.00 Uhr

ANZAHL DER ZIMMER: leider keine; lassen Sie sich vom Gastgeber Übernachtungsmöglichkeiten in Bielefeld empfehlen.

WAS MAN UNTERNEHMEN KANN
-IN DER UMGEBUNG: Radfahren, Wandern, Segelfliegen, mehrere Golfclubs in der Nähe.

BEMERKENSWERTES: das "Historische Gasthaus Buschkamp" liegt in einem denkmalgeschützten Ensemble von alten Fachwerkhäusern aus dem 14. bis 17. Jh. Der Besitzer betreibt hier noch ein weiteres Restaurant mit feiner französischer Küche ("Le Concarneau"). Weiterhin gibt es hicr ein westfälisches Handwerksmuseum und ein Backhaus, in dem für die Besucher und für die beiden Restaurants jeden Tag Brot gebacken wird.

DIE GRÜNE BETTLAD
BLUMENSTR. 4
77815 BÜHL
TELEFON: 07223 / 24238
TELEFAX. 07223 / 24247

ANREISE: BAB 5 Karlsruhe-Basel, Ausfahrt Bühl, danach Hinweisschilder beachten 35
ENTFERNUNG NACH: Freiburg 100 km, Karlsruhe 50 km, Baden-Baden 15 km, Straßburg 40 km
KREDITKARTEN: keine

HISTORISCHES HAUS AUS DEM JAHRE: ca. 1680
BESCHREIBUNG DES HAUSES: schon das Äußere dieses pittoresken Fachwerkhauses läßt Sympathisches erahnen. Drinnen eine heimelige Gaststube wie aus einem Spitzweg-Gemälde. Der Kachelofen, das rustikale Mobilar mit Bauernmalerei, geschnitzte Heiligenfiguren, Kupferbackformen, badische und elsässische Trachten machen den Charme des Raumes aus. Auch die Gastzimmer mit Himmelbetten ergänzen die freundliche Atmosphäre.

SPEIS UND TRANK: badische-alemannische Küche, z.B. Sülze vom badischen Schäufele DM 18,50; Tartar vom frischen Lachs auf Kartoffelgemüse,dazu Rösti und grüne Sauce DM 24,50; Entenbrust mit Cassissauce, Maisplätzchen DM 42,50; Kalbszüngle "badisch" mit Affentaler Spätburgundersauce DM 30,50; Warmes Bühler Zwetschgentörtchen

mit Zimteis auf Sabayon DM 19,-.
Gut sortierte Auswahl badischer Weine insbesondere aus dem Ortenaukreis und aus der Serie "Baden Exclusiv".

WARME KÜCHE: 12.00 - 14.00 und 18.00 - 21.30 Uhr
PLÄTZE IM RESTAURANT: ca. 30
GARTEN / VERANDA - PLÄTZE: 15 im idyllischen Innenhof

LEITUNG DES HAUSES: Peter und Sabine Günthner
RUHETAGE
-IM RESTAURANT: Sonntag und Montag
BETRIEBSFERIEN: ca. 22.12. - 14.01. sowie 2 Wochen während der Sommerschulferien in Baden-Württemberg.
ÖFFNUNGSZEITEN: 12.00-15.00 Uhr und 18.00-23.30 Uhr
ANZAHL DER ZIMMER: 6 DZ; (die Zimmer sind unterschiedlich eingerichtet; z T. mit Himmelbetten ausgestattet)
ZIMMERPREISE: DZ: DM 180,- / 210,-
DZ als EZ: DM 130,-/ 160,- Suite: DM 240,-

WAS MAN UNTERNEHMEN KANN
-IN DER UMGEBUNG: in Bühl Tennishalle und Freitennisplätze sowie Schwimmbad, Golfplatz in Baden-Baden
BEMERKENSWERTES: vielleicht gelingt es Ihnen, während des Augusts einmal nach Bühl zu kommen, wenn die wunderbar schmeckenden Zwetschgen an jeder Ecke angeboten werden und es auch in der Grünen Bettlad verschiedene Leckereien mit Zwetschgen gibt. In der Nähe das interessante Kloster Schwarzach aus dem Jahre 1220 mit barocken Elementen.

DEIDESHEIMER HOF
AM MARKTPLATZ 1
67146 DEIDESHEIM
TELEFON: 06326 / 1811 +1812
TELEFAX: 06326 / 7685

ANREISE: BAB 6 Kaiserslautern-Ludwigshafen, Abfahrt Grünstadt; die Deutsche Weinstraße über Dürkheim weiter nach Deidesheim.

ENTFERNUNG NACH: Ludwigshafen/Mannheim 20 km, Heidelberg 30 km
KREDITKARTEN: Amex, Diners, Eurocard, Visa

HISTORISCHES HAUS AUS DEM JAHRE: 1783
BESCHREIBUNG DES HAUSES: einst eine Bischofs-Residenz, ist der "Deidesheimer Hof" heute eines der schönsten Hotels und Restaurants an der deutschen Weinstraße.
Die Zimmer, teilweise unter dem Dach, sind recht großzügig geschnitten und geschmackvoll renoviert, die Küche ist ausgezeichnet. Im Erdgeschoß liegt das Schönste des Hauses: die "Weinstuben" mit zünftigen Holztischen, dem grünen Kachelofen und dem großen Kranz in der Mitte des Raumes, der mit dem Wechsel der Jahreszeiten immer unterschiedlich gebunden wird.
Die Bedienung verrichtet in Dirndl ihren Dienst. Das Haus hat zwei Restaurants: das neue Feinschmecker-Restaurant "Schwarzer Hahn" und Restaurant "St.Urban".Vor dem Haus: eine gediegene Sommerterrasse.

SPEIS UND TRANK: verfeinerte Pfälzer Spezialitäten, wie z.B.: Kleine Entenbratwürste auf gebratenem Kartoffelsalat DM 19,50; Deidesheimer Spanferkelmagen auf getrüffeltem Rahmwirsing mit Kartoffel-Kräuterpüree DM 31,-; Das "Pfälzer Lieblingsgericht": Saumagen, Leberknödel, Bratwurst, Sauerkraut und Sahnepüree DM 20,50. Ein viergängiges Menü: Sautierte Rehbällchen auf Pilzgeröstel; Kräuterschaumsuppe mit Jakobsmuschel; Lammrücken im Strudelteig auf Bohnengemüse in Thymiansauce; Limonencreme mit Saisonfrüchten DM 79,-. Verschiedene Rohmilchkäse - frisch vom Bauernhof mit Holzofenbrot serviert DM 14,50. Ca. 20 verschiedene offene Weine im Viertele, ebenso erlesen wie die Flaschenweine.

WARME KÜCHE: 12.00 - 23.00 Uhr
PLÄTZE IM RESTAURANT: 110 und 45
GARTEN / VERANDA - PLÄTZE: 30
LEITUNG DES HAUSES: Familie Anita Hahn / M. Schwarz
RUHETAGE: nur im "Schwarzen Hahn"- Sonntag und Montag
BETRIEBSFERIEN: Anfang Januar 2 Wochen
ÖFFNUNGSZEITEN: 11.30 - 14.00 und 18.00 - 21.30 Uhr
ANZAHL DER ZIMMER: 20 (vor kurzem wurden die Hotelzimmer zu modernen Komfortzimmern und Suiten um- bzw. ausgebaut)
ZIMMERPREISE: DZ: DM 160,- / 400,- EZ: DM 110,- / 260,-

BEMERKENSWERTES: in der 2. Augustwoche findet das Weinfest statt.

ALTFRÄNKISCHER GASTHOF GRÜNER BAUM
FALTERSTRASSE 2
97337 DETTELBACH
TELEFON: 09324 / 1493
TELEFAX: 09324 / 3734

ANREISE: BAB Würzburg - Nürnberg, Ausfahrt Dettelbach/Kitzingen ; BAB Kassel-Ulm Ausfahrt Biebelried/Kitzingen
ENTFERNUNG NACH: Würzburg 20 km, Bamberg 60 km, Rothenburg 60 km, Volkach 20 km
KREDITKARTEN: Eurocard

HISTORISCHES HAUS AUS DEM JAHRE: ca. 1625
BESCHREIBUNG DES HAUSES: in dem kleinen Main-Städtchen Dettelbach findet man hinter der Pfarrkirche diesen typisch alt-fränkischen Gasthof in einen ehemaligen Zehnthaus. Hier kehren auch die Winzer des Ortes gerne ein. In der ungekünstelten vorderen Gaststube mit einer niedrigen Stuckdecke befinden sich sechs, eng beieinander stehende Tische, an denen man sich sofort behaglich fühlt. Der hintere Teil ist im Stil der 50/60iger Jahre renoviert, sodaß wir lieber vorne in den gemütlichen Sitzecken blieben und bei einem guten Glas Wein die alten Zinngeräte, Weinkrüge und allerlei andere Utensilien der hiesigen Winzer auf den Borden betrachteten.
SPEIS UND TRANK: fränkische Spezialitäten und Mainfische, Spargelgerichte im Mai, im Juli frische Pfifferlinge.

Kartoffelsuppe mit Zimtkrüstchen DM 4,50,-; Franken-Vesper:verschiedene Wurstarten, Ei, Gurke, Käsebrot DM 9,50; Fränkischer blauer Zipfel im Zwiebelsud mit Pilzen und Brot DM 18,50; Mainaal in Dillsoße, Salate, Kartoffeln DM 29,-; Kalbsbraten mit Rahmsoße, hausgemachte Klöße und Salate DM 15,50; Apfelküchle in Zimt und Zucker gewälzt mit Vanilleeis und Sahne DM 7,-

PLÄTZE IM RESTAURANT: ca. 100 in zwei Räumen
GARTEN / VERANDA - PLÄTZE: 50
LEITUNG DES HAUSES: Leo und Linde Zehenter
RUHETAGE: Sonntag 15 .00 bis Montag 17.00 Uhr

BETRIEBSFERIEN: ca. 24.12. - 15.1. und ca. 18.6 -10.7.
ÖFFNUNGSZEITEN: 7.00 - 15.00 und 17.00 - 24.00 Uhr
ANZAHL DER ZIMMER: 45; zum Teil im neu renovierten Gästehaus, das unter Denkmalschutz steht.
ZIMMERPREISE: EZ; 30,-/60; DZ: DM 60,- / 90,-

WAS MAN UNTERNEHMEN KANN

-IN DER UMGEBUNG: in Dettelbach: Schwimmen, Angeln, Wandern (gut ausgebaute Rad- und Wanderwege), Reiten und Fahrten mit Kutschen oder Planwagen, Tennis; in Mainsondheim, 3 km entfernt: Golf.
Am Fronleichnam-Wochenende findet vor dem historischen Rathaus das Dettelbacher Altstadtweinfest statt. Die Gastgeber vermitteln gerne Weinproben bei den hiesigen Winzern.

BEMERKENSWERTES: erwerben Sie z.B. beim Weingut

Georg Apfelbacher (Burggraben 2) ein paar Frankenweine aus allen Dettelbacher Lagen im Bocksbeutel. Oder kaufen Sie während der Spargelzeit wohlschmeckenden Spargel aus der hiesigen Gegend. Ein nur von den Dettelbacher Konditoren hergestelltes Gebäck sind die "Muskatzinen", eine Art Gewürzplätzchen, die Sie unbedingt probieren sollten.
Ein Besuch lohnt die meistbesuchte Wallfahrtskirche Mainfrankens "Maria im Sand", 17.Jh. Das 500 Jahre alte Städtchen Dettelbach hat gut erhaltene Stadtmauern, -türme und -tore, wie z.B. das Faltertor und das (von einer alten Dame bewohnte) Brückentor.
Eine der schönen Ausflugsfahrten, die man von hier aus unternehmen kann, führt den Main entlang nach Iphofen, Volkach und Sulzfeld.

WEISSES ROSS
STEINGASSE 12
91550 DINKELSBÜHL
TELEFON: 09851 / 2274 + 7840
TELEFAX: 09851 / 6770

ANREISE: BAB 6 Nürnberg-Heilbronn, Ausfahrt Feuchwangen-Nord oder BAB 7 Würzburg-Ulm, Ausfahrt Feuchtwangen Nord.
ENTFERNUNG NACH: Nürnberg 90 km
KREDITKARTEN: Amex, Diners, Eurocard, Visa

HISTORISCHES HAUS AUS DEM JAHRE: Mitte des 16.Jh.
BESCHREIBUNG DES HAUSES: im Kern der Altstadt von Dinkelsbühl, abseits der Hauptstraße, liegt dieses Haus. Schon äußerlich sieht man an den vielen Blumen und der umrankten Tür, mit wieviel Liebe dieser Familienbetrieb geführt wird. Seit der Jahrhundertwende ist dieses Haus Treffpunkt von Malern und anderen Künstlern. Auch heute noch wird die Tradition fortgesetzt mit einer Schule, die Malkurse anbietet. Sie müssen aber weder Maler sein noch werden wollen, um sich hier wohlzufühlen.
Die gemütliche Gaststube ist mit schwarzem Holz getäfelt, und an den Wänden hängen alte Bilder. Uns gefielen besonders die an der Wand entlanglaufende Sitzbank und das schöne Gestühl.
Ihre glückliche Hand im Umgang mit historischer Bausubstanz bewiesen die Gastgeber kürzlich wieder mit dem

Umbau der dem "Weissen Ross" gegenübergelegenen denkmalgeschützten Scheune zu einem Gästehaus.

SPEIS UND TRANK: Fränkische regionale Küche, z.B. der "Bratwurst-Teller": Sauerkraut, Bratwurst frisch, geräuchert, saure Zipfel DM 12,50; Fränkisches Majoran-Filet mit Äpfeln, Zwiebeln, Gemüsekartoffelpuffern, Salat DM 26,-; Sülze von heimischen Fischen, Zucchini-Quark, Salatbukett DM 15,-; Lachsforellen-Kräuterroulade mit grünem und weißem Spargel DM 28,-. Von der Dessertkarte: Quarknocken mit Waldbeeren DM 7,-; Pistazien-Espresso-Parfait mit warmer Orangensauce und Orangenspalten DM 8,-.

WARME KÜCHE: 11.30 - 14.00 und 17.30 - 21.00 Uhr, danach kleine Abendkarte bis 22.00 Uhr
PLÄTZE IM RESTAURANT: 65
GARTEN / VERANDA - PLÄTZE: im Sommer romantische Straßenlokalität
LEITUNG DES HAUSES: Joachim Neuhäuser
RUHETAGE: Donnerstag im Winter
BETRIEBSFERIEN: 15.Januar bis 15.Februar
ÖFFNUNGSZEITEN: 7.00 -1.00 Uhr
ANZAHL DER ZIMMER: 15 DZ und 2 Suiten , 4 EZ
ZIMMERPREISE: DZ: DM 75,- / 160; EZ: DM 75,- /190,-
Suite: DM 180,-

WAS MAN UNTERNEHMEN KANN
-IM HAUS: das "Weissen Ross" hat eine über 100jährige

Tradition als Malerherberge, und hier finden im Sommer Kurse der "Malschule Dinkelsbühl" statt.
-IN DER UMGEBUNG: das Verkehrsamt Dinkelsbühl (Tel.: 09851 / 90240, Fax: 09851 / 90279) gibt ein Informationsheft heraus, aus dem man die Termine der zahlreichen Musik- und Theaterveranstaltungen (letztere auch für Kinder!), historischen Stadtfeste u.ä. entnehmen kann.

BEMERKENSWERTES: Dinkelsbühl, mit dem historischen Marktplatz, den vier Stadttürmen und dem alten Mauerring, besitzt eine sehenswerte spätgotische Hallenkirche.

GASTHOF ZUR POST
99826 EBENHAUSEN
TELEFON: 08178 / 3603

ANREISE: südlich von München auf der B11 in Richtung Wolfratshausen, zwischen Baierbrunn und Icking.
ENTFERNUNG NACH: München 20 km
KREDITKARTEN: keine

HISTORISCHES HAUS AUS DEM JAHRE: 1740
BESCHREIBUNG DES HAUSES: im Isartal, fern vom Großstadtlärm und doch in der Nähe von München, liegt dieses einfache, urige Wirtshaus mit seinem großen Biergarten. In das "Bierstüberl", einer schlichten Gaststube ohne überflüssigem Zierrat, ist schon Goethe 1786 auf seiner Reise nach Italien eingekehrt. Den Pferdewechsel an seiner Postkutsche zeigt das Wandfresko an der Giebelseite des Hauses. Heute hätte Goethe vielleicht auch gern hier in einem der gut ausgestatteten Gästezimmer mit Bad oder Dusche übernachtet und in den gemütlichen Speiseräumen etwas aus der eigenen Metzgerei verzehrt.
SPEIS UND TRANK: hier gibt es deftige bayrische Hausmannskost wie z. B:. Münchner Sauerbraten mit Blaukraut und Semmelknödel DM 17,50; Tellerfleisch mit Meerrettich, Gurken und Salat DM 15,80; oder Fischspezialitäten wie z.B. Starnberger Seerenke oder Saibling vom Rost mit Butterkartoffeln und Salat, wobei der Preis je nach Größe festgelegt wird. Dunkles Bier und Pils vom Faß.

WARME KÜCHE: 11.30 - 14.30 und 18.00 - 21.30 Uhr
PLÄTZE IM RESTAURANT: 70; 40; 35; im Festsaal 300
GARTEN / VERANDA - PLÄTZE: 200 im Biergarten
LEITUNG DES HAUSES: Familie Widmann
RUHETAGE: Montag
BETRIEBSFERIEN: bitte nachfragen
ÖFFNUNGSZEITEN: 7.00 - 23.00 Uhr
ANZAHL DER ZIMMER: 14 DZ; 6 EZ
ZIMMERPREISE: DZ: DM 100,- , EZ: DM 60,-

WAS MAN UNTERNEHMEN KANN
-IN DER UMGEBUNG: Tennis, Wassersport am 10 km entfernten Starnberger See.

BEMERKENSWERTES: von Ebenhausen aus bieten sich viele Möglichkeiten, Ausflüge in die bayrischen Alpen zu unternehmen.

ALTES BADHAUS
LINDENPLATZ 1
69412 EBERBACH - NECKAR
TELEFON: 06271 / 71057
TELEFAX: 06271 / 7671

ANREISE: von Heidelberg auf der B 37 am Neckar entlang in Richtung Eberbach, von Heilbronn auf der B 27 über Bad Wimpfen nach Eberbach oder auf der BAB 81 Würzburg - Heilbronn, Abfahrt Boxberg in Richtung Moosbach auf der B292 und dann weiter auf der B 37 nach Eberbach.
ENTFERNUNG NACH: Heidelberg 28 km, Heilbronn 48 km, Würzburg 98 km
KREDITKARTEN: Amex, Diners, Eurocard, Visa
HISTORISCHES HAUS AUS DEM JAHRE: 14. Jh.
BESCHREIBUNG DES HAUSES: am Anfang waren wir uns nicht sicher, ob auf dieses Haus noch der Begriff "historisch" paßt. Von der spätmittelalterlichen Badestube in der Stadtmitte sind nach der kenntnisreichen und liebevollen Restaurierung im wesentlichen nämlich nur noch die Grundmauern und das gotische Gewölbe erhalten. Unter Wahrung des Alten ist dieses Haus aber so bemerkenswert restauriert worden, daß der alte Charakter erfreulicherweise trotz vieler moderner Hinzufügungen noch überall erkennbar ist. Wunderbar, daß die alte Holzdecke erhalten blieb. In der Gaststube verputztes Mauerwerk und ein Steinfußboden. Heute wird das Haus geprägt durch eine einheitliche Linie in den Wiedererkennungsfarben Weiß-Türkis.

In der 1. Etage befindet sich das "Gourmetrestaurant", "wo wahrscheinlich schon zu Zeiten des mittelalterlichen Badebetriebes diejenigen Gäste bewirtet und betreut wurden, die dem Leben mit Fleiß die guten Seiten abzugewinnen verstanden".

SPEIS UND TRANK: hier haben Sie die Wahl zwischen dem hervorragenden "Gourmetrestaurant" oder der gemütlichen "Badstube".
Die verfeinerte deutsche Küche hat einiges zu bieten, wie z.B. ein 5-gängiges Tagesmenü DM 58,- : Frühlingssalate mit gebratenen Schollenfilets; Selleriecremesuppe; Kalbsrückensteak in Sherryrahmsauce, kleine Gemüse und Butternudeln; Käse vom Brett; Geeistes Rhabarberparfait an Orangensalat. Oder das kleine Gourmetmenü DM 98,-: Terrine von der Gänsestopfleber in Scheurebegelee; Eintopf von Spargel und Hummer mit Ravioli; Medaillons vom Hirschfilet mit Pfifferlingen und Kräuterflädle; Salat von frischen Beerenfrüchten an Rhabarberparfait. Probieren Sie auch den Frühlingssalat mit gebratenem Kalbsbries und Pfifferlingen DM 31,-; Seeteufel mit Tomaten und Basilikum an Safranrisotto DM 46,-; gratinierter Lammrücken in Kräuterjus, kleine Gemüse und Kartoffelgratin DM 49,-; Medaillons vom Rehbockrücken mit Gänseleber und Kräuterflädle DM 58,-.

WARME KÜCHE: 12.00 - 14 .00 und 18.30 - 21.45 Uhr
PLÄTZE IM RESTAURANT: im Gourmetrestaurant ca. 35; "Badstube": 45

GARTEN / VERANDA - PLÄTZE: ca.50
LEITUNG DES HAUSES: Heinrich Gützenberger
RUHETAGE
-IM RESTAURANT: "Gourmetrestaurant": Sonntag und Montag,
-IM HOTEL: keine
BETRIEBSFERIEN: nur Gourmetrestaurant: 3 Wochen während der Sommerferien in Baden-Württemberg
ÖFFNUNGSZEITEN: 12.00 - 14.00 und 18.00 - 24.00 Uhr
ANZAHL DER ZIMMER: 9 DZ; 3 EZ;1 Appt. für 2 Pers.;1 Appt. für 4 Pers.
Zwar sind die Zimmer klein, aber der Stil des Hauses ist bis ins kleinste Detail fortgeführt. Ob Bettwäsche, Briefpapier, Zündhölzer, Morgenmantel - alles ist durchdacht und geschmackvoll und gefällt dem anspruchsvollen Gast.
ZIMMERPREISE: DM 140,-/215,-; App: DM 115,-/370,-

WAS MAN UNTERNEHMEN KANN
-IN DER UMGEBUNG: Tennis, Schwimmbad, Minigolf, Bootswandern.

GASTHAUS ZUR KRONE
HERRENSTR. 5
79238 EHRENKIRCHEN
TELEFON: 07633 / 5213
TELEFAX: 07633 / 83550

ANREISE: BAB Freiburg-Basel, Ausfahrt Bad Krozingen; über Bad Krozingen nach Ehrenkirchen/Kirchhofen.
ENTFERNUNG NACH: Freiburg 13 km, Basel 50 km
KREDITKARTEN: Diners, Eurocard, Visa

HISTORISCHES HAUS AUS DEM JAHRE: 1747
BESCHREIBUNG DES HAUSES: im Jahre 1747, nach der Zerstörung durch den 30jährigen Krieg, wurde die "Krone" wieder aufgebaut und ist seither im Familienbesitz. Die alte Gaststube ist noch genau so erhalten, wie sie damals eingerichtet wurde. Besonders schön der große Kachelofen aus dem 18. Jh. Seit dieser Zeit beherbergt das Haus die vereinigten Zünfte des ganzen Freiburger Gebietes. Alte Weinkrüge, Zunfttruhen und Urkunden zeugen davon, ebenso die Zunftzeichen der verschiedenen Handwerker, die über einem Tisch von der Decke hängen. Ein rundum behaglicher Markgräfler Gasthof mit einem Sommergarten hinter dem Haus.

SPEIS UND TRANK: 3-gängiges Menü DM 34,50 ; Spezialitäten des Hauses: Markgräfler Topf, 3 verschiedene Filets auf geschabten Spätzle und bunter Salatteller DM 34,50; Kalbsfilets in Kräuterrahmsauce mit Gemüse vom Tage und

Kartoffelbällchen DM 32,50; Schwarzwaldforelle aus dem Sud mit zerlassener Butter oder vom Grill mit Kräuterbutter und Kartoffeln DM 28,50.
Erwähnenswert natürlich die hier heimischen Markgräfler Weine; das "Weinleiterle" (6 Probiergläschen mit unterschiedlichen Tropfen) hilft, eine Auswahl zu treffen.

WARME KÜCHE: 12.00 - 14.00 und 18.15 - 21.30 Uhr
PLÄTZE IM RESTAURANT: 90
GARTEN / VERANDA - PLÄTZE: keine
LEITUNG DES HAUSES: Werner und Ulrike Kiefer
RUHETAGE: Dienstag; Mittwoch bis 17.00 Uhr
BETRIEBSFERIEN: 14 Tage im Februar / 3 Wochen im Juli
ÖFFNUNGSZEITEN: 11.30 - 14.30 und 17.00 - 24 00 Uhr
ANZAHL DER ZIMMER: 8 DZ; 1 EZ
ZIMMERPREISE: DZ: DM 90,- EZ: DM 50,-

BEMERKENSWERTES: besuchen Sie die gegenüberliegende Pfarr- und Wallfahrtskirche, die im Jahre 1409 im gotischen Stil entstand. Die dreischiffige Basilika zeichnet sich heute durch üppige Barock- und Rokokoausstattung aus. Zahlreiche Einzelheiten erinnern an den Barockmeister Christian Wenzinger.

GASTHAUS ZUM VOGELWIRT
KASPAR-ETT-STR. 4
86922 ERESING
TELEFON: 08193 / 8226

ANREISE: BAB 96 München-Lindau, weiter B 12 Richtung Landsberg, Ausfahrt Eresing.

ENTFERNUNG NACH: München 45 km
KREDITKARTEN: keine

HISTORISCHES HAUS AUS DEM JAHRE: 1624
BESCHREIBUNG DES HAUSES: hier erwartet Sie ein kleines uriges Wirtshaus, das wie ein Relikt aus früherer Zeit wirkt. Wenn man den niedrigen Gastraum betritt, knarren die Bohlen, und der Blick fällt gleich auf den grünen Kachelofen. Holzbänke und Holztresen vermitteln eine nostalgische, anheimelnde Stimmung. Hier "läßt sich´s wohl sein".

SPEIS UND TRANK: Brotzeit wie z. B. Wurstsalat DM 7,80 und Obatzter DM 5,80; Schweinebraten mit Speckkrautsalat und Knödel DM 13,80; Krautwickel mit Kartoffeln DM 9,80; Entenbraten mit Kartoffelknödel und Blaukraut DM 24,-. Besonders schmackhaftes dunkles Kaltenberger Bier, Königlich bayrisches Bier (Prinzregent Luitpold)

WARME KÜCHE: 18.00 - 21.30 Uhr, Samstag und Sonntag 12.00 - 21.30 Uhr
PLÄTZE IM RESTAURANT: ca. 40

GARTEN / VERANDA - PLÄTZE: ca. 40; im neben dem Haus gelegenen gemütlichen Bier- und Sommergarten mit großen Kastanien.

LEITUNG DES HAUSES: Rosemarie Vogel

RUHETAGE: Donnerstag

BETRIEBSFERIEN: unterschiedlich (bitte nachfragen)

ÖFFNUNGSZEITEN: werktags von 18.00 - 1.00 Uhr, Sonntags 9.30 - 1.00 Uhr

ANZAHL DER ZIMMER: nicht im Hause, empfohlen wird die "Pension Wiedmann", Hauptstr. 31, Tel: 08193 / 8227.

BEMERKENSWERTES: ein Besuch lohnt die gegenüberliegende Pfarrkirche St. Ulrich, an deren baulichen Veränderungen 1756 - 57 Dominikus Zimmermann entscheidenden Anteil hatte.

GREIFENPOST
MARKTPLATZ 8
91555 FEUCHTWANGEN
TELEFON: 09852 / 2002/3
TELEFAX: 09852 / 4841

ANREISE: BAB 6 Nürnberg-Heilbronn, Abfahrt Aurach oder Dorf Gütingen, dann auf B 14 oder B 25 nach Feuchtwangen. Oder von der BAB 7 aus Würzburg.
ENTFERNUNG NACH: Nürnberg 70 km, Würzburg 90 km
KREDITKARTEN: Amex, Diners, Eurocard, Visa

HISTORISCHES HAUS AUS DEM JAHRE: "Greifen": 1588"; Post": 1369.
BESCHREIBUNG DES HAUSES: die beiden aus dem Mittelalter stammenden Häuser der "Greifen-Post" liegen direkt am malerischen, typisch fränkischen Marktplatz der Stadt. Die Wirtsleute leben hier bereits in der vierten Generation und prägen die persönliche, gepflegte und liebenswürdige Atmosphäre des Hotels. Der Service ist erstklassig.
Im einstigen Renaissance-Hof der Post liegen das Badehaus mit Sauna und Solarium und eine Grillstube mit offener Feuerstelle. "Bürger-" "Bauern-" und "Ratsherrnstuben" sind historisch eingerichtet. Sie können in einigen Zimmern im Himmelbett nächtigen oder aus den Fenstern komfortabler Räume im Biedermeierstil auf die idyllische Stadt blicken.
In diesem traditionsreichen Haus, in dem schon Kaiser

Maximilian gewohnt hat, wird sich auch jeder Gast von heute genau so gern "fürtrefflich" umsorgen lassen.

SPEIS UND TRANK: die Küche ist modern, originell und leicht. Gratiniertes Carpaccio vom Rinderfilet mit Zitronenpfefferöl und frischem Parmesan DM 25,-; Lachsforelle im Dim-Sum-Korb gedämpft, Beurre-Blanc-Kräuterkartoffel und Salat DM 38,-; Karpfen und Forelle in Frankenwein-Ingwerteig gebacken, Sauce Gribiche mit geriebenem Meerrettich und Salat DM 32,-; Spanferkelkeule im Heu mit frischen Kräutern gebraten, rote Zwiebelmarmelade und Schupfnudeln DM 38,-. Ein Gourmet-Menu mit 5 Gängen DM 78,-, ein Vollwert-Menu mit 4 Gängen DM 49,- . Aus der Dessert-Karte: Mousse au Chocolat im zarten Schokoladendrachen mit Salat von Früchten DM 14,-.

WARME KÜCHE: 11.45 -14 .00 und 18.30 - 21.30 Uhr
PLÄTZE IM RESTAURANT: 80 in 3 Räumen
GARTEN / VERANDA - PLÄTZE: keine
LEITUNG DES HAUSES: Eduard Lorentz jr.
RUHETAGE
-IM RESTAURANT: Sonntag und Montag
-IM HOTEL: keine
BETRIEBSFERIEN: 2.01. - 2.02. (nur im Restaurant)
ÖFFNUNGSZEITEN: 7.00 - 14.00 und 18.00 - 22.00 Uhr
ANZAHL DER ZIMMER: 34 DZ, 6 EZ
ZIMMERPREISE: DM 119,- / 250,-

WAS MAN UNTERNEHMEN KANN

-IM HAUS: Sauna, Türkisches Dampfbad, Schwimmen
-IN DER UMGEBUNG: Tennis, Reiten, Golfplatz 15 km entfernt, Angeln, Segeln und Surfen 20 km entfernt.
Wer einsame Wanderungen mag, ist in dieser abgeschiedenen Gegend richtig.

BEMERKENSWERTES: besonders sehenswert ist das Heimatmuseum; seine Sammlung alter Volkskunst zählt zu den schönsten in Süddeutschland. Im spätromanischen Kreuzgang der ehemaligen Stiftskirche finden im Sommer Theaterfestspiele statt.
Im nahegelegenen Ansbach werden alle 2 Jahre die "Internationalen Bachwochen" veranstaltet.

LANDGASTHOF KARNER
NUSSBAUMSTR. 6
83112 FRASDORF
TELEFON: 08052 / 4071-74
TELEFAX: 08052 / 4711

ANREISE: BAB A8 München-Salzburg, Ausfahrt Frasdorf bis Ortsende, dann beschildert.
ENTFERNUNG NACH: München 70 km, Salzburg 70 km
KREDITKARTEN: Amex, Diners, Eurocard, Visa

HISTORISCHES HAUS AUS DEM JAHRE: 1630
BESCHREIBUNG DES HAUSES: der malerische Eingang mit der imposanten ornamentreichen Holztür und den Originalbeschlägen macht gespannt auf das, was sich im Inneren dieses bayrischen Gasthofes bei Frasdorf verbirgt. Nämlich eine Idylle: Gasträume mit Kassettendecke, Bauernmöbeln und -antiquitäten, die Tische mit Liebe zum Detail eingedeckt. Wir fanden dieses Haus überaus behaglich.

SPEIS UND TRANK: auf der täglich wechselnden Speisekarte regionale Küche mit französischem Einschlag. Es kochen 10 Köche für 10 Tische. Der Chefkoch hat bei Bocuse gelernt. Die Gastgeber empfehlen: Scheiben von der sauren Kalbshaxe an Schalottenvinaigrette mit lauwarmem Radieschensalat DM 18,50; Bärlauchcremesuppe mit Kalbsbrieströschen und Brez'n-croutons DM 16,50; Brätlein vom Lamm in Knoblauchsauce mit gefüllter Zucchiniblüte und Kartof-

felgratin DM 42,50. Oder ein 5-gängiges Menü für DM 95,50 (+ DM 3,50 Gedeck): Appetithappen; Gänsestopfleber mit Bohnensalat und gebratenen Geflügelherzen; Kalte Gurkencremesuppe mit gebeiztem Lachs; Rauten vom Zander und Saibling in Schalottensauce mit geschmorten Artischocken; Zitronengranité; Warm geräucherte Poulardenbrust in Walnußsauce mit Spargel und Butterkartoffeln; Kokosvioline mit Erdbeeren und Rhabarber.

WARME KÜCHE: 12.00 - 14.00 und 18.00 - 20.00 Uhr
PLÄTZE IM RESTAURANT: 60
GARTEN / VERANDA - PLÄTZE: 60
LEITUNG DES HAUSES: Gunter und Christl Karner
RUHETAGE: keine
BETRIEBSFERIEN: Weihnachten
ÖFFNUNGSZEITEN: 12.00 - 14.00 und 18.00 - 22.00 Uhr
ANZAHL DER ZIMMER: 18 DZ; 2 EZ
ZIMMERPREISE: DM 75,- / 145,-

WAS MAN UNTERNEHMEN KANN
-IM HAUS: Hallenschwimmbad, Sauna

BEMERKENSWERTES: während der Advents- und Weihnachtszeit finden im Haus Lesungen in stimmungsvollem Rahmen statt.
In Frasdorf befindet sich die sehenswerte Barockkirche St. Florian.

SCHLOSSWIRTSCHAFT WILDENWART
83112 FRASDORF
TELEFON: 08051 / 2756
TELEFAX: 08051 / 64193

ANREISE: BAB 8 München-Salzburg, Ausfahrt Frasdorf, Richtung Prien / Chiemsee.
ENTFERNUNG NACH: München 70 km, Salzburg 70 km
KREDITKARTEN: keine

HISTORISCHES HAUS AUS DEM JAHRE: ca. 1735, gemäß der ältesten gezeichneten Landkarte aus dieser Gegend
BESCHREIBUNG DES HAUSES: dieses ursprüngliche, ungekünstelte Wirtshaus muß man einfach mögen. Der Holzfußboden, die weiß-blauen Tischdecken, das alte Mobiliar und die holzvertäfelten Wänden prägen die Atmosphäre. Alles ist historisch gewachsen, auch die Dekoration an den Wänden sind keine Versatzstücke, sondern Erinnerungsstücke der Wirtsleute.

SPEIS UND TRANK: die Küche ist bayrisch-deftig, auf der Karte auch frische Fische aus dem Chiemsee. Kartoffelsuppe DM 3,50; Chiemsee-Fischteller, Kartoffeln, Salat DM 20,50;

in der Saison: Spargel aus Schrobenhausen mit Butter und Kartoffeln DM 17,50; Schweinsbraten mit Knödel und Salaten DM 12,90; Ganze Schweinshaxe für 2 Personen mit Knödel und Blaukraut DM 29,50; Brotzeiten ab DM 6,-; Kindermenü: DM 3,- bis DM 8,-. Apfelstrudel mit Sahne DM 3,-.
Bier vom Herzoglichen Brauhaus am Tegernsee.

Kleine sympathische Auswahl an guten Schoppenweinen von DM 5,50 bis DM 8,-.
WARME KÜCHE: 11.30 - 14.00 und 17.30 - 21.00 Uhr
PLÄTZE IM RESTAURANT: 50; 45 im Nebenzimmer
TAGUNGSRÄUME: 2 Säle für 50 und 200 Personen
GARTEN / VERANDA - PLÄTZE: 70 Plätze in einem lauschigen Biergarten unter Linden, Akazien und Kastanien.
LEITUNG DES HAUSES: Franz und Maria Riesinger
RUHETAGE: Montag und Dienstag
BETRIEBSFERIEN: September
ÖFFNUNGSZEITEN: 10.00 - 24.00 Uhr
ANZAHL DER ZIMMER: die Gastgeber empfehlen den "Gasthof Hochries" (einfache Zimmer, Tel.: 08052 / 1473) und den "Landgasthof Karner" (s.S. 57), beide in Frasdorf, und den "Goldenen Pflug" (Tel.:08052/358) in Umrathshausen.

WAS MAN UNTERNEHMEN KANN
-IN DER UMGEBUNG: Golf, Segeln auf dem Chiemsee.
BEMERKENSWERTES: im benachbarten Wildenbad findet im Juli '93 zum 100jährigen Bestehen des Trachtenvereins ein zwei Wochen dauerndes Fest mit zahlreichen Folklore-Veranstaltungen statt.

GASTHAUS ZUM KREUZ
ORTSMITTE KAPPEL
79117 FREIBURG
TELEFON: 0761 / 62055
TELEFAX: 0761 / 64793

ANREISE: BAB 5 Karlsruhe-Basel, Abfahrt Freiburg-Mitte; Richtung Titisee - Donaueschingen bis Gasthaus Schiff, dann rechts immer geradeaus bis "Hotel Löwen", wieder rechts bis Kappel-Ortsmitte.
ENTFERNUNG NACH: Freiburg 4 km
KREDITKARTEN: Eurocard

HISTORISCHES HAUS AUS DEM JAHRE: 1755
BESCHREIBUNG DES HAUSES: im Dreisamtal, dem östlichen Stadtteil von Freiburg, liegt der Schwarzwälder Traditions-Gasthof "Zum Kreuz", der seit 1896 in Familienbesitz ist. Die eher schlichte Fassade dieses Hauses ist mit Blumenkästen geschmückt, die mit Geranien bepflanzt sind. Das Äußere läßt nicht erahnen, wie hübsch die Gaststube im Inneren ist, eine der typischen Wirtsstuben, wie es sie im Badischen noch manchmal gibt. Kachelofen, Bauerngestühl, holzgetäfelte Wände und die schlichte, rustikale Dekoration laden zum Verweilen ein.

SPEIS UND TRANK: badische Küche mit frischen Produkten, der Jahreszeit, Wildgerichte aus heimischer Jagd. Aus der Karte: Markgräfler Gutedelsuppe DM 7,50;

Jägertöpfle, verschiedene Wildmedaillons auf hausgemachten Spätzle, Preiselbeeren, Salate der Saison DM 34,-; Schwarzwaldforelle blau, zerlassene Butter, Dampfkartoffeln, Salate DM 25,-. Drei verschiedene dreigängige Menüs mit regionalen Spezialitäten von DM 25,- bis DM 35,-.

PLÄTZE IM RESTAURANT: ca.100

GARTEN / VERANDA - PLÄTZE: 50, im Garten unter Linden und großen Sonnenschirmen.

LEITUNG DES HAUSES: Familie Hug

RUHETAGE: Montag und Dienstag, außer an Feiertagen

BETRIEBSFERIEN

-IM RESTAURANT: 3 Wochen im Januar

-IM HOTEL: keine

ÖFFNUNGSZEITEN: 10.00 - 24.00 Uhr durchgehend

ANZAHL DER ZIMMER: 13 DZ, 7 EZ

Gästezimmer z.T. im Gasthaus, z.T. in einem ruhigen Haus gegenüber.

ZIMMERPREISE: DZ: DM 120,- / 180,- ; EZ: DM 80,- / 90,-

WAS MAN UNTERNEHMEN KANN

-IM HAUS: Sauna, Fitnessraum und Solarium

-IN DER UMGEBUNG: 18-Loch-Golfplatz, 1,5 km entfernt.

BEMERKENSWERTES: das Gasthaus ist ca. 4 km von der historischen Freiburger Innenstadt mit dem monumentalen Münster entfernt. Überhaupt kann man von hier, dem Dreiländereck, aus viele interessante Ausflüge ins angren-

zende Elsaß, zum Kaiserstuhl, ins Markgräfler Land und in die Schweiz unternehmen und nicht nur die Sehenswürdigkeiten und die Landschaft, sondern auch überall gutes Essen und guten Wein genießen.
Auch das kulturelle Angebot der Region ist vielseitig, wir erwähnen hier das Zeltmusikfestival in Freiburg im Juni, die alemannische Bühne mit Mundartstücken und die klassischen Konzerte im Ebneter Schloß (2,5 km von Kappel entfernt).
Unzählige Weinfeste und Hocks werden in der Region veranstaltet, vor allem die "Freiburger Weintage" rund um's Freiburger Münster.

WALD & SCHLOSSHOTEL FRIEDRICHSRUHE
74639 FRIEDRICHSRUHE
TELEFON: 07941 / 6087-0
TELEFAX: 07941 / 61468

ANREISE: BAB 6 Nürnberg - Heilbronn, Ausfahrt Neuenstein oder Öhringen, in der Stadtmitte von Öhringen steht ein Hinweisschild nach Friedrichsruhe.
ENTFERNUNG NACH: Stuttgart 80 km
KREDITKARTEN: Amex, Diners, Visa, Eurocard, Airplus

HISTORISCHES HAUS AUS DEM JAHRE: 1712
BESCHREIBUNG DES HAUSES: der erste Eindruck beim Betreten des Restaurants: die 50er Jahre lassen grüßen. Erfreulicherweise gilt dies nur für den Eingangsbereich und einen Teil des Restaurants. Der Rest der weitläufigen Anlage, traumhaft in einem Schloßpark gelegen, macht einen ausgesprochen kultivierten Eindruck. Im Torhaus, den früheren Pferdeställen, sind die sehr angenehmen Zimmer mit verspielten Laura Ashley-Accessoires ausgestattet. In den Schloßräumen treffen wir auf alte Möbel aus den unterschiedlichsten Stilepochen von der Barock- bis zur Biedermeierzeit. Die Zimmer sind großzügig und mit schönen Bädern ausgestattet.
SPEIS UND TRANK: die hohe Kochkunst, die in diesem Hause gepflegt wird, ist immer eine Reise wert. Zwei Gourmet-Menüs mit 5 bzw. 7 Gängen für DM 125,- bzw. 195,-

bieten z.B.: Gänseleberterrine im Baumkuchenmantel; Garnelen auf Schwarzwurzeln in Rosa Pfeffer; Spanferkelnacken in der Kruste gebraten mit glacierten Schalotten, Paprikagemüse und Semmelplätzchen; Käse vom Wagen; Brombeeren auf Vanilleeis mit Quarkschaum gratiniert, Hausgebäck. Auf der kleinen, originellen Karte auch besonders leichte "Wellness"-Gerichte wie z.B.: Wildlachs auf Brunnenkresse mit Kartoffelstrudel DM 48,-; oder: Ganze Poularde aus der Bratröhre, die Brust mit grünen Spargelgemüsen und Gnocchi, die Keulen als Crêpinette auf Linsen, dazwischen wird ein Limonensorbet serviert, pro Person DM 68,-.
Große Auswahl an guten Weinen.

WARME KÜCHE: 12.00 - 14.00 und 18.45 - 21.30 Uhr
PLÄTZE IM RESTAURANT: 90
TAGUNGSRÄUME: ja
GARTEN / VERANDA - PLÄTZE: 70. Mit Blick auf das Schloß sitzt man unter alten Bäumen auf der stimmungsvollen Terrasse. Auch hier wird im übrigen erfreulicherweise alles angeboten, was Küche und Keller für den Gast bereithalten.

LEITUNG DES HAUSES: Lothar Eiermann
RUHETAGE
-IM RESTAURANT: Hauptrestaurant Montag und Dienstag nur für Hausgäste geöffnet; "Jägerstube" kein Ruhetag.
-IM HOTEL: keine
BETRIEBSFERIEN: keine
ÖFFNUNGSZEITEITEN: durchgehend

ANZAHL DER ZIMMER: 26 DZ; 13 EZ; 12 Appartements
ZIMMERPREISE: DZ: DM 295,- / 390,- ; EZ: DM 165,- / 310,-
Appartements: DM 490,- / 560,-

SPEZIELLE ARRANGEMENTS: man kann einen Erholungsaufenthalt auch mit einem Schönheitstag oder einem mehrtägigen Regenartionsprogramm in der angeschlosenen Schönheitsfarm verbinden. Information: Schönheitsfarm beim Wald & Schloßhotel Friedrichsruhe Irmgrad Kraft, Tel: 07941 /340 90, Fax 07941 / 240 81.

WAS MAN UNTERNEHMEN KANN
-IM HAUS: Schönheitsfarm, Hallenschwimmbad, Sauna, Swimmingpool, Fahrradverleih, Tennisplatz, 18-Loch-Golfplatz.
BEMERKENSWERTES: im 6 km entfernten Neuenstein, liegt das Schloß der Fürsten zu Hohenlohe-Öhringen, eine ehemalige Wasserburg aus dem 12. Jahrhundert; außerdem sehenswert die Stadtkirche aus dem Jahre 1611 mit Grabdenkmälern und Fürstengruft.
In Öhringen, (6 km) einem Städtchen mit mittelalterlichem Stadtbild, gibt es die ehemalige Residenz der Grafen und Fürsten zu Hohenlohe. Spätgotische Stiftskirche mit Hochaltar, eines der bedeutendsten Schnitzwerke in Süddeutschland, und Grabdenkmälern aus dem 16. und 17. Jh. sowie Krypta mit dem Sarkophag der Kaiserin-Mutter Adelheid (1241) zu sehen.
In Schöntal (15 km), prächtige Klosteranlage der Barockzeit mit Brunnen und Bildstöcken. Interessante Barockkirche mit vielen Grabmälern und Bildnisgrabsteinen.

CLAUSINGS ROMANTIK-POSTHOTEL
MARIENPLATZ 12
82467 GARMISCH-PARTENKIRCHEN
TELEFON: 08821 / 7090
TELEFAX: 08821 / 709205

ANREISE: BAB 95 München bis Garmisch-Partenkirchen, "Clausings Posthotel" ist im Zentrum von Garmisch.

ENTFERNUNG NACH: München 92 km, Innsbruck 55 km
KREDITKARTEN: Amex, Diners, Eurocard, Visa

HISTORISCHES HAUS AUS DEM JAHRE: 1600
BESCHREIBUNG DES HAUSES: sie hat schon was - die herrliche Fassade des mitten in Garmisch gelegenen "Posthotels" mit der Sonnenuhr und den Heiligenfiguren. Die Bezeichnung "Werdenfelser Schatzkasterl" ist nicht unberechtigt. Auch die Gasträume sind geschmackvoll ausgestattet und haben eine individuelle Atmosphäre.

SPEIS UND TRANK: in der "Klause" oder im "Stüberl" kann der Gourmet nach der Karte speisen oder im rustikal - bayrischen "Post-Hörndl" mit seinem schönen Biergarten derjenige, der es etwas deftiger mag. Das Bier hat hier seine Tradition, denn der Stammvater der Clausings kreierte 1880 die "Berliner Weiße" mit Schuß, bevor es ihn in die Berge zog.
Auf der stets wechselnden Karte finden Sie z.B.: geeiste Gurkensuppe mit Shrimps und frischem Dill DM 7,50;

Feldsalat mit geräucherten Forellenfiletscheiben, geröstetem Speck und Champignons, Toast und Butter DM 13,80; Gesottener Tafelspitz in Wurzelsud mit frischem Meerettich, Butterkartoffeln DM 21,50; Ganze Walchenseerenke gebraten mit frischen Kräutern und Petersilienkartoffeln DM 24,50; und danach: Mousse von dunkler Schokolade auf Früchtemark DM 10,50.
Gute Weinauswahl.

WARME KÜCHE: 12.00 - 22.00 Uhr
PLÄTZE IM RESTAURANT: 45
GARTEN / VERANDA - PLÄTZE: 80 auf der Glasveranda, 100 im Garten, 100 im Biergarten; 85 im "Posthörndl".
LEITUNG DES HAUSES: Ekkehard Lücher
RUHETAGE: keine
BETRIEBSFERIEN: keine
ÖFFNUNGSZEITEN: durchgehend

ANZAHL DER ZIMMER: 36 DZ; 6 EZ.
Wenn Sie auf Ruhe wert legen, sollten Sie lieber eines der nach hinten gelegenen Zimmer buchen. Sie können nämlich getrost ausschlafen: Frühstück gibt es bis 12 Uhr.
ZIMMERPREISE: DZ: DM 160,-/250,- EZ: DM 100,-/160,-

WAS MAN UNTERNEHMEN KANN
-IN DER UMGEBUNG: Radverleih, Tennis, Golf, Ski, Bowling, Eisstockschießen, Bob, Reiten, Segeln, Parasailing.

BEMERKENSWERTES: es gibt so viele kunsthistorisch interessante Sehenswürdigkeiten, daß man einige Zeit für deren Besichtigung einplanen sollte: z.B.die alte Kirche St. Martin aus dem 15.Jh. mit eindrucksvollen gotischen Wandmalereien und der riesigen Christophorusfigur aus dem 13.Jh. an der Nordwand. Neue Pfarrkirche St. Martin mit schöner Stuckdekoration u.a. von Jos. Schmuzer, sowie Deckenfresken von Matthias Günther aus dem Jahr 1733.
Sollten Sie eine Affinität zu Ludwig II. haben, werden Sie sicher das ca. 20 km entfernte Schloß Linderhof besuchen wollen.
Auch auf einige international wichtigen Wintersportveranstaltungen, die in Garmisch-Partenkirchen stattfinden, soll hier hingewiesen werden: die Weltcup-Skirennen Ende Januar/Anfang Februar, das Neujahrs-Skispringen und die Curling-Meisterschaften.

POSTHOTEL PARTENKIRCHEN
LUDWIGSTR. 49
82467 GARMISCH-PARTENKIRCHEN
TELEFON: 08821 / 51067
TELEFAX: 08821 / 78568

ANREISE: von Norden kommend: BAB 95 München bis Garmisch-Partenkirchen oder die B 23, bis zum Zentrum von Partenkirchen.
von Süden kommend: über die E 6 und B 2 Mittenwald-Scharnitz.
ENTFERNUNG NACH: München 87 km, Innsbruck 75 km
KREDITKARTEN: Amex, Diners, Eurocard, Visa

HISTORISCHES HAUS AUS DEM JAHRE: 1763. Thurn und Taxis'sche Posthalterei, später königliche Posthalterei, Aufenthalt König Ludwig II.. sic!
BESCHREIBUNG DES HAUSES: an allen Ecken dieses ausgesprochen sympathischen Hauses, das seit 4 Generationen in Familienbesitz ist, trifft man auf Relikte vergangener Jahrhunderte. Die einzige Ausnahme: die wuchtige gläserne Eingangstür im Hauptportal, durch das früher die Kutschen der Reisenden fuhren. Am besten bewahrt wurde der Stil der alten Zeit nach unserem Gefühl in dem ausgesprochen behaglichen "Poststüberl" mit den beiden Stammtischen. Aber auch die anderen Räume, alle unterschiedlich gestaltet, wie z.B. die "Posthalterei", die "Sattelkammer" und das "Cafehaus" (ehemals Postamt) haben Atmosphäre.

SPEIS UND TRANK: das vielseitige Angebot umfaßt sowohl eine gehobene, französisch beeinflußte, als auch eine bodenständige Küche mit bayrischen Schmankerln. Aus der alle drei Monate wechselnden Karte: Marinierter Ziegenkäse mit Waldhonig überbacken DM 16,- ; Großer bunter Salatteller mit gebratenem Rehfilet DM 16,-; Flußkrebse im Wurzelsud mit Knoblauchbaguette DM 28,-; Soufflierte Staffelsee-Zander-Schnitte auf Kaviar-Champagnersauce mit jungem Lauch und feinen Nudeln DM 34,-; Gegrilltes Ochsenkotelett mit Schalottenbutter, Gratinkartoffeln und grünen Bohnen DM 38,-; Bayrisch Creme mit frischen Früchten und ihren Saucen DM 9,-.

WARME KÜCHE: 12.00 - 14.15 und 18.15 - 21.45 Uhr
PLÄTZE IM RESTAURANT: 150
GARTEN / VERANDA - PLÄTZE: 80
LEITUNG DES HAUSES: Otto und Lisa Stahl

RUHETAGE: keine
BETRIEBSFERIEN: keine
ÖFFNUNGSZEITEN: durchgehend

ANZAHL DER ZIMMER: 45 DZ; 15 EZ (inzwischen gibt es auch Mini-Suiten mit Whirlpool)
ZIMMERPREISE: EZ: DM 125,-/ 185,- ; DZ: DM 220,- / 280,- Alpspitz Junior Suite, König Ludwig Junior Suite DM 350,-
SPEZIELLE ARRANGEMENTS: Pauschal-, Tagungs- und Gruppenpreise auf Anfrage.

WAS MAN UNTERNEHMEN KANN
-IM HAUS: kostenlose Benutzung eines ortsansässigen Fitneß-Studios für Hausgäste.
-IM ORT: im Sommer: Bergsteigen, Klettern, Wandern, Schwimmen, Tennis, Paragleiten; Rafting, Reiten, Golf , Segelfliegen, Ballonfahren.
im Winter: Skifahren, Eislaufen, Curling, Eisstockschießen.

BEMERKENSWERTES: jedes Jahr im Mai finden die Richard-Strauß-Tage statt.
Besichtigungstouren zu den Königsschlössern Linderhof, Neuschwanstein und Schachen, dem Jagdschloß Ludwigs II, sowie Oberammergau, Kloster Ettal und der Wieskirche.

STADTSCHÄNKE HISTORISCHER GASTHOF
JOHANNESPFRÜNDE
HAUPTSTRASSE 36
71723 GROSSBOTTWAR
TELEFON: 07148 / 80 24
TELEFAX: 07148 / 4977

ANREISE: BAB 81 Heilbronn - Stuttgart, Ausfahrt Mundelsheim, dort auf der Weinstraße ca. 5 km nach Grossbottwar, dort folgen Sie dem Schild "Stadtmitte", das Sie durch verwinkelte Straßen zum Marktplatz geleitet - gegenüber dem Rathaus, direkt am Marktplatz, finden Sie dann die "Stadtschänke".
ENTFERNUNG NACH: Heilbronn 27 km, Stuttgart 35 km
KREDITKARTEN: Amex, Diners, Eurocard, Visa

HISTORISCHES HAUS AUS DEM JAHRE: 1434
BESCHREIBUNG DES HAUSES: die "Stadtschänke" liegt mitten in der Stadt und gilt als deren ältestes Fachwerkhaus. Einzigartig ist die Kombination von Fachwerk mit einem schmalen Giebel und den schweren Eichenbohlenwänden. Im Inneren sind überall die dicken Balken sichtbar. Die Möblierung ist einfach. Zweifellos der schönste Teil des

Hauses, was Atmosphäre und Ambiente angeht, ist die "Gute Stube" im Obergeschoß mit der gewölbten Balkendecke. Hier wurde das Alte bewahrt und nicht durch Modisches verfremdet. Besonders gut in Erinnerung haben wir die reizenden Eheleute Könneke, die den Gast sehr liebevoll umsorgen.

SPEIS UND TRANK: neue schwäbische Küche auf hohem Niveau: Schwäbische Brieslesuppe mit Rahm und Kräutern DM 6,50; Kleine Spinatflädle mit einem zarten Lachsmus gefüllt und auf ein Krebssößle gesetzt DM 16,50; Chefs Spezialrostbrätle mit Gemüsestreifen und Senfbutter überbacken, frische Gemüschen und Kartoffelknöpfle DM 29,50; Gekochter Tafelspitz mit Maultäschle aus dem Wurzelsud, Sahnemeerrettich, frische Gemüschen, Kartoffelröstchen DM 24,50. Natürlich bekommt man in diesem Haus auch einen guten Wein. Der Trollinger als Hauswein muß hier selbstverständlich an erster Stelle genannt werden.

WARME KÜCHE: 11.30 - 14.00 und 18.00 - 22.00 Uhr
PLÄTZE IM RESTAURANT: 60; hiervon 25 - 30 in der "Guten Stube", 10 in der "Kammer".
GARTEN / VERANDA - PLÄTZE: im Sommer Gartenwirtschaft mit Blick auf das historische Rathaus.
LEITUNG DES HAUSES: Hans und Sybille Könneke
RUHETAGE
-IM RESTAURANT: Mittwoch
-IM HOTEL: keine

BETRIEBSFERIEN: keine
ÖFFNUNGSZEITEN
-IM RESTAURANT: 11.30 - 14 .00 und ab 18.00 Uhr
-IM HOTEL: 10.00 - 24.00 Uhr

ANZAHL DER ZIMMER: 2 EZ; 3 DZ
ZIMMERPREISE: EZ: DM 60.-; DZ: DM 100,-

WAS MAN UNTERNEHMEN KANN
-IN DER UMGEBUNG: Tennis, Radfahren, Wandern;
am 1. Wochende im August veranstalten die Gastwirte der Innenstadt auf dem Marktplatz das "Sommernachtsfest", am 1. Wochenende im September findet ein großes Straßenfest in der gesamten Innenstadt statt.

BEMERKENSWERTES: schauen Sie sich das 1556 erbaute Rathaus an, das "Schiefe Haus" oder die in der Nähe gelegene Burg Lichtenberg, die besterhaltene Burg aus der Stauferzeit.

SCHLOSSHOTEL GRÜNWALD
ZEILLERSTR. 1
82031 GRÜNWALD
TELEFON: 089 / 6417935
TELEFAX: 089 / 6414771

ANREISE: südlich von München; BAB München-Salzburg, Garmisch-Partenkirchen Ausfahrt Oberhaching, Grünwald
ENTFERNUNG NACH: München 13 km
KREDITKARTEN: Amex, Visa, Diners, Eurocard

HISTORISCHES HAUS AUS DEM JAHRE: 1293
BESCHREIBUNG DES HAUSES: im Jahre 1293 ließ Herzog Ludwig der Strenge eine Burg als Jagdschloß erbauen, diese hatte im Laufe der Jahrhunderte eine wechselvolle Geschichte.
Sie war einst herzögliche Residenz, aber auch Gefängnis mit Femegericht. 1879 wurde sie versteigert, und der Umbau des ehemaligen Jägerhauses zum Schloßhotel begann. Hier findet man alles, was ein "historisches Haus" ausmacht: originale Möbel, stilechte Räume, Kreuzgewölbe, Eichenbalken und Kachelöfen. Jeder historisch Interessierte wird begeistert sein, weil man trotz allen Komforts und sorgfältiger Restaurierung noch die alte Zeit spürt.
Besonderer Erwähnung bedarf der große Rittersaal. Zimmer und Appartements sind stilvoll eingerichtet und mit Kunstgegenständen dekoriert. Das inmitten von alten Kastanien gelegene Haus hat eine wunderbare Gartenterrasse hoch

über dem Isartal mit weitem Blick ins Land. Eine Oase der Ruhe in Münchens Nähe.

SPEIS UND TRANK: verfeinerte bayrische, französische und italienische Küche mit täglich wechselnder Karte: z.B. Salat von Wirsing, Rotkohl, geräucherter Gänsebrust DM 15,50; Vollkorn-Gemüsestrudel auf kalter Kräutersauce DM 17,50; Riesengarnelen Provençaler Art auf Tomaten-Oliven-Ragout mit verschiedenen Gemüsen und Butterreis DM 31,50; Filetsteak vom Black-Angus-Ochsen in Kräutersauce mit verschiedenen Gemüsen und Kartoffelgratin DM 31,50; gesottene Ochsenbrust in Meerrettichsauce, Karotten und Kartoffeln DM 18,50.
Aus der Desser-Karte: Nougatparfait mit glacierten Nüssen in Vanille-Vollkorn-Crèpe DM 10,50.
Gute Getränkeauswahl.

WARME KÜCHE: 11.30 - 14.00 und 18.00 - 22.00 Uhr
PLÄTZE IM RESTAURANT: 55
GARTEN / VERANDA - PLÄTZE: 140
LEITUNG DES HAUSES: Florian Voigt
RUHETAGE: keine
BETRIEBSFERIEN: keine
ÖFFNUNGSZEITEN: 11.30 - 24.00 Uhr

ANZAHL DER ZIMMER: 16
ZIMMERPREISE: DZ: DM 190,- / 280,- EZ: DM 140,- /195,-
Suiten DM 220,-/370,-

WAS MAN UNTERNEHMEN KANN
-IN DER UMGEBUNG: schöne Wander- und Radtouren direkt vom Haus aus, Golf in Straßlach, Schwimmen in Grünwald.

BEMERKENSWERTES: gleich nebenan befindet sich das Burgmuseum. Für Film-Freunde empfehlen wir eine Besuch der nahegelegenen Bavaria-Filmstudios.

BÖRMOOS
GRÜFFT 9
24972 HABERNIS-STEINBERG
TELEFON: 04632 / 7621
TELEFAX: 04632 / 1429

ANREISE: BAB 7 Hamburg-Flensburg, Abfahrt Tarp, 23 km Landstraße in Richtung Ostsee, Sürup bis Sterup. In Sterup links nach Steinbergkirche (4 km). Die B 199 kreuzen, weiter in Richtung Norgaardholz, nach 3 km Gabelung, links nach Habernis. 20m nach Ortsschild links (Grüfft); 300 m rechts Zufahrt Börmoos.

ENTFERNUNG NACH: Flensburg 25 km, Kappeln 25 km
KREDITKARTEN: keine

HISTORISCHES HAUS AUS DEM JAHRE: 1876
BESCHREIBUNG DES HAUSES: Börmoos liegt in einem Landschaftsschutzgebiet nur 200m vom Ostseestrand, umgeben von Feldern und Wiesen, weitab von Lärm und Unrast. In dieser Gegend vermutet man höchstens einen schlichten Landgasthof, aber nicht ein solches Kleinod. Vor einigen Jahren wurde das behäbige Bauernhaus mit seiner Scheune mit viel Geschmack und unter Wahrung des Alten restauriert. Die wohldosierten Erneuerungen wurden in das Bestehende geschickt und mit viel Liebe zum Detail integriert. Die große Kaminhalle ist mit dänischen Antiquitäten dekoriert. Sie schlafen in Alkoven, jedes Appartement hat eine kleine Küche.

SPEIS UND TRANK: Sonder-Menüs auf Anfrage möglich; ansonsten nur Frühstück, dieses aber reichlich, phantasievoll und mit Liebe serviert.

LEITUNG DES HAUSES: Christiane und Reinhard Kranz
RUHETAGE: keine
BETRIEBSFERIEN: keine

ÖFFNUNGSZEITEN: durchgehend
ANZAHL DER ZIMMER: 10 Appartments mit 2-4 Betten
ZIMMERPREISE: DM 90,-/150,- plus Endreinigung

WAS MAN UNTERNEHMEN KANN
- IM HAUS: Sauna und Solarium, ein eigener Tennisplatz, Tischtennis sowie Spiel - und Liegewiese und Grillplätze. Zum Erkunden der herrlichen norddeutschen Landschaft stehen Fahrräder zur Verfügung. Nebenan befindet sich ein Reiterhof. Die Geltinger Bucht ist ein herrliches Surfgebiet, es kann das hauseigene Segelboot geliehen werden.
- IN DER UMGEBUNG: besichtigen Sie das schöne Wasserschloß im benachbarten Glücksburg.

BEMERKENSWERTES: fragen Sie die Gastgeber nach den verschiedenen Kunsthandwerkermärkten, die zu allen Jahreszeiten in der Gegend stattfinden und den Galerien und Ateliers von Töpfern und anderen Kunsthandwerkern. Im Sommer kann man von Börmoos aus das "Schleswig-Holstein Musikfestival" und die "Angeliter Sommerkonzerte" besuchen.

Schauen Sie sich im nahegelegenen Steinbergkirche das Gotteshaus aus dem späten 12.Jh. an. Auffallend hier die aufwendige Kanzel des sogenannten frühen Knorpelbarock um 1640. Fahren Sie nach Sörup und besuchen Sie die Granitquaderkirche aus dem 13. Jh. mit dem einfachen und klaren Viersäulenportal.
Eigentlich sollte man einen solchen Geheimtip für sich behalten, aber trotzdem: Börmoos bietet sich auch an für kleinere Tagungs - und Seminargruppen.

ALTE VOGTEI
LINDENALLEE 3
57577 HAMM/SIEG
TELEFON: 02682 / 259
TELEFAX: 02682 / 8956

ANREISE: BAB Frankfurt-Dortmund, Ausfahrt Siegen, in Siegen die B 62 bis Roth, in Roth die B 254 in Richtung Rosbach bis Hamm; oder BAB 3 Frankfurt-Köln Abfahrt Hennef, dann in Richtung Roth.
ENTFERNUNG NACH: Köln 50 km, Siegen 50 km
KREDITKARTEN: Amex, Diners Club, Eurocard, Visa

HISTORISCHES HAUS AUS DEM JAHRE: 1753 (Geburtshaus des F.W. Raiffeisen)
BESCHREIBUNG DES HAUSES: ein Vogt hatte 1648 seinen Sitz in diesem Fachwerkhaus mit seiner typisch Westerwälder Einrichtung, später wurde es Posthalterei und Bürgermeisteramt. Die Vogtei ist liebevoll restauriert worden, die charakteristischen freiliegenden Balken ziehen sich durch alle verwinkelten Gasträume. Sie sind verschieden groß, und durch die Verschiebungen der Balken bilden sich Ecken, Nischen und Durchblicke. Im neueren Gartenanbau sind die Zimmer modern und haben Balkone mit Blick auf einen Wiesengarten. Die herzliche, familiäre Atmosphäre ist so erfreulich, daß sie besonders erwähnt werden soll: Vater und Sohn kochen, Mutter und Schwiegertochter umsorgen die Gäste und brachten uns selbstgebackene Kekse zum Kaffee.

Man empfindet den liebevollen Kontakt der Wirtsleute untereinander und spürt, daß das Wohl des Gastes Wunsch des Hauses ist.

SPEIS UND TRANK: 6-Gänge Menü DM 75,-: Lammterrrine mit Basilikumcreme; Doppelte Fleischsuppe mit Steinpilzklößchen; Maultaschen mit Lachs-und Zanderschaum; Erdbeersorbet; Lammfilet in Blätterteig mit Blattsalat; Erdbeeren Romanoff; oder: Frische Ochsenbrust mit grüner Sauce, Blattsalat und Bratkartoffeln DM 20,-; Poularde unter Kräuterkruste mit Austernpilzen und Reis DM 22,-; Lammragout in Rotwein, Spätzle und Blattsalat DM 26,-.

Gute Auswahl von Weinen.

WARME KÜCHE: 12.00 - 14.00 und 18.00 - 21.00 Uhr

PLÄTZE IM RESTAURANT: 18 und 20

GARTEN / VERANDA - PLÄTZE: 18

LEITUNG DES HAUSES: Familie Wortelkamp

RUHETAGE

-IM RESTAURANT: Mittwoch und Donnerstagmittag

BETRIEBSFERIEN: Mitte Juli bis Mitte August

ÖFFNUNGSZEITEN: 8.00 - 14.00 und 17.00 - 24.00 Uhr

ANZAHL DER ZIMMER: 15 DZ, 2 EZ

ZIMMERPREISE: DZ: DM 140,- / 180,- , EZ :DM 75,- / 100,-

WAS MAN UNTERNEHMEN KANN

- IM HAUS: Kegeln, Wandern, Schwimmen, Tennis.
- IN DER UMGEBUNG: die Familie Wortelkamp empfiehlt Wandertouren in die unberührte Natur, hilft bei der Routenplanung und stellt Wanderkarten zur Verfügung.

HOTEL HIRSCHGASSE
HIRSCHGASSE 3
69120 HEIDELBERG
TELEFON: 06221 / 40 32 160
TELEFAX: 06221 / 40 32 161

ANREISE: BAB 5 Frankfurt - Karlsruhe oder über die BAB 6 Nürnberg - Heilbronn und dann Walldorfer Kreuz ab in Richtung Heidelberg auf der BAB 5. Die Anfahrt in Heidelberg ist nicht ganz einfach: man sollte sich daher am Schloß orientieren, das genau gegenüber der Hirschgasse auf der anderen Seite des Neckars liegt. Man fährt die Uferstraße entlang des Neckars, kommt dann auf die Neuenheimer Landstraße, diese geht dann über in die Ziegelhäuser Landstraße von der dann links bzw. rechts die Hirschgasse abgeht.
ENTFERNUNG NACH: Frankfurt 93 km, Karlsruhe 38 km, Heilbronn 75 km
KREDITKARTEN: Amex, Diners, Eurocard, Visa
HISTORISCHES HAUS AUS DEM JAHRE: 1472
BESCHREIBUNG DES HAUSES: was einen hier empfängt, ist schon außergewöhnlich, insbesondere in einer Stadt wie Heidelberg, die von Touristenströmen überflutet wird und daher ein großes Angebot an Hotels und Restaurants besitzt. Das Äußere mit den an der Fassade angebrachten Blumenspalieren und den Sprossenfenstern vermittelt den Eindruck, als handele es sich um einen schlichten, sympathischen Gasthof. Dieser Eindruck ist beabsichtigt. Das "Hotel Hirschgasse" ist eine kultivierte Einkehrstätte, die nobles Land-

hausgefühl bietet, ohne aber den Gast zur steifen Förmlichkeit zu zwingen. Wer im Smoking dinieren möchte, kann das tun, wer lieber in seinen "Wohlfühlklamotten" kommen möchte, wird vom jungen Service-Team genauso freundlich und professionell bedient. Im "Kleinen Restaurant" gibt es noch Tische mit Gravuren von Bismarck und alte Stiche, und ein blauer Kachelofen fällt ins Auge. Die Namensänderung des großen Restaurants von "Le Gourmet" zu "Restaurant Hirschgasse" ist programmatisch für den neuen Trend in der Gastronomie. Trotz des ausgesprochen festlichen Rahmens mit schweren, eleganten Vorhängen, englischem Mobiliar, Jugendstillampen, Silberleuchtern, Blumengestecken, einem Fußboden mit Kassettenmuster - sollen hier nicht Luxusprodukte zelebriert werden, sondern vielmehr...

SPEIS UND TRANK: ...eine leichte Regionalküche, die sich zum Ziel gesetzt hat, hohe Qualität zu vernünftigen Preisen anzubieten, so daß man sich auch mal ohne einen "ganz großen Anlaß" hier ein schönes Essen gönnen kann. Ein Menü der Region kostet nicht mehr als DM 75,-. Gerichte à la Carte: Terrine von der Lachsforelle und Saibling auf Kressesauce DM 16,-; Salat von Linsen, Löwenzahn und Rote Beete DM 21,-; Schaumsuppe von Gartenkräutern DM 14,-; Scheiben vom Kalbsrücken auf Kartoffel-Lauchnage mit leichter Zitronensauce DM 38,-; Kirschsavarin mit Mandeleis auf leichter Marzipansauce DM 14,-.
Im übrigen gibt es eine ausgezeichnete Auswahl von Weinen aus den verschiedensten Anbauregionen Europas.

WARME KÜCHE: 19.00 - 23.00 Uhr
PLÄTZE IM RESTAURANT: 40
GARTEN / VERANDA - PLÄTZE: auf der Rosenterrasse mit 30 Plätzen kann man das Gartenambiente geniessen und am Sonntag einen Lunch einnehmen.
LEITUNG DES HAUSES: Ernst Kraft
RUHETAGE
-IM RESTAURANT: Montag und Feiertage
BETRIEBSFERIEN: 23.12. - 07.01.
ÖFFNUNGSZEITEN
-IM RESTAURANT: 19.00 - 24.00 Uhr
-IM HOTEL: durchgehend
ANZAHL DER ZIMMER: 20 Studios und Suiten, sehr anspruchsvoll im Laura Ashley-Stil ausgestattet.
ZIMMERPREISE: DM 295,- / DM 550,-
SPEZIELLE ARRANGEMENTS: fragen Sie nach Sonderarrangements wie z.B. einem Wochenende für Ausreißer für DM 394,- für 2 Personen.

BEMERKENSWERTES: angesichts der Tatsache, daß Sie sich in einer kunsthistorisch interessanten Stadt befinden, regen wir an, sich die Stadt mit einem kleinen Führer zu erlaufen.
Beim Weingut Reichsgraf und Marquis zu Hoensbroech, 74918 Angelbachtal-Michelbach, Telefon 07265/3811, kann man ausgezeichnete Weine einkaufen.

HOTEL HOHENHAUS
37293 HERLESHAUSEN
TELEFON: 05654 / 680
TELEFAX: 05654 / 1303

ANREISE: von Norden kommend: BAB 7 Hannover - Kassel, dann Abfahrt Kassel-Ost auf der B7 in Richtung Hessisch-Lichtenau, von dort aus weiter in Richtung Ringgau, dann nach Holzhausen. Von Holzhausen kommend fährt man über eine alleeartige Straße bis zum schmiedeeisernen Tor von "Hotel Hohenhaus".

Von Süden kommend: BAB 7 bis Kirchheimer Dreieck - dann BAB 4 in Richtung Herleshausen/Eisenach bis Wilddeck-Obersuhl, dann Richtung Herleshausen/Eisenach, Abfahrt Nesselröden, dann nach links zum "Hotel Hohenhaus".
Von Westen kommend: BAB 44 bis Kassel, dann B 7 Richtung Eisenach, dann Abzweigung auf der B 27 nach rechts in Richtung Eisenach, nach ca. 7 km Abzweigung links Herleshausen/Eisenach, dann Abzweigung Nesselröden nehmen bis "Hotel Hohenhaus".
ENTFERNUNG NACH: Kassel 70 km, Erfurt 65 km
KREDITKARTEN: Amex, Eurocard

HISTORISCHES HAUS AUS DEM JAHRE: 1894. Erstmals erwähnt wird Hohenhaus auf einer kartenähnlichen Zeichnung, die um 1600 entstand.
BESCHREIBUNG DES HAUSES: schon die Fahrt über die breite Allee hinauf zum "Hohenhaus" ist ein Genuß, und der

Gast kann sich schon hier an der üppigen Natur und der wohltuenden Ruhe freuen. Das Herrenhaus liegt idyllisch, umgeben von mächtigen Bäumen, in einem naturbelassenen Anwesen, als Teil eines heute noch bewirtschafteten Gutes. In architektonisch gelungener Art und Weise wurden die ehemaligen Reitställe des Gutes zu Restaurant und Gasträumen umgestaltet. Es gibt eine großzügige, moderne Eingangshalle, die in eine mit schweren Sesseln, Leseecken und einem Kamin ausgestattete Lounge mündet. Von überall hat der Besucher einen Blick in die Beschaulichkeit der parkähnliche Anlage, Weiden, Teiche - halt in die reine Natur. Ein empfehlenswertes Haus insbesondere für diejenigen, die richtig ausspannen wollen .

SPEIS UND TRANK: das ebenso professionelle wie sympathische Personal serviert in zwei modernen Restauranträumen mit gediegener Atmosphäre. Die ambitionierte Küche, marktbezogen und kreativ, ist mit dem neuen Küchenchef auf dem Weg zu "Sternen".
Auf der Karte ein Feinschmecker-Menü (6 Gänge DM 129,-). und ein regionales Menü (4 Gänge DM 89,-), letzteres bietet im Sommer z.B.: Rehmousse mit Apfel-Selleriesalat, Kartoffelsuppe mit geräuchertem Kalbsbries, Fasanenstrudel mit geschmortem Weißkohl, Quarkcrème auf Holunderragout.
WARME KÜCHE: 12.00 -13.45 und 19.00 - 21.30 Uhr
PLÄTZE IM RESTAURANT: 40 - 45
GARTEN / VERANDA - PLÄTZE: ca. 40 mit Blick in die weitläufige Natur.

LEITUNG DES HAUSES: Günther Haderecker
RUHETAGE
-IM RESTAURANT: keine
-IM HOTEL: keine
BETRIEBSFERIEN: keine
ÖFFNUNGSZEITEN
-IM RESTAURANT: 12.00- 14.00 und ab 19.00 Uhr
-IM HOTEL: durchgehend
ANZAHL DER ZIMMER: 26 (20 im Haupthaus und 6 im älteren Gutshaus)
ZIMMERPREISE: EZ: DM 185,-/ 225,-; DZ: DM 285,-/ 350,-
Sonderpreise für Tagungen, Konferenzen oder Wochenendarrangements.

WAS MAN UNTERNEHMEN KANN
-IM HAUS: Hallen-Schwimmbad, wunderbar gelegener Tennisplatz, Tischtennis, Sauna, Solarium, Billard.

BEMERKENSWERTES: in Lüderbach eine sehenswerte Kirche mit interessantem Flügelaltar; in der Nähe kann jetzt auch das Schloß Augustenau besichtigt werden.
Fragen Sie im Hohenhaus nach weiteren interessanten Ausflügen.

GUTSSCHENKE DES FÜRSTEN ZU MÜNSTER
31118 HOLLE- ASTENBECK
TELEFON: 05062 / 1866 + 2418

ANREISE: BAB 7 Hannover - Kassel, hinter Hildesheim Abfahrt Derneburg, dann in Richtung Hildesheim auf der B6, ca. 1,5 km bis Holle-Astenbeck.
ENTFERNUNG NACH: Hildesheim 14 km, Hannover 40 km, in den Harz 25 km
KREDITKARTEN: Visa, Diners, Eurocard

HISTORISCHES HAUS AUS DEM JAHRE: 1213; Augustinerinnen vom Kloster Derneburg gründeten an dieser Stelle eine Ausspannstation.
BESCHREIBUNG DES HAUSES: auf eine Empfehlung hin besuchten wir diese Schenke in einem Fachwerkhaus und freuten uns sehr über diese Entdeckung, in einer Gegend, in der wir bisher kein erwähnenswertes Haus gefunden hatten. Die Einrichtung in den drei Gasträumen ist ehrlich und ungekünstelt: alte, behäbige, englische Tische, Jagdtrophäen, ein Kamin sowie Blumen und Ähren aus der umliegenden üppigen Natur. Die Tische sind sehr liebevoll eingedeckt. Die Wirtsstube mit den blanken Holztischen lädt den weniger Hungrigen zu einer Brotzeit und einem Schoppen Wein ein. Das immer eingedeckte Hochzeitszimmer mit seinen schweren Deckenbalken und dem Buffet ist der behaglichste Raum. Die Gäste sind eine angenehme Mischung aus Einheimischen und Besuchern der nahegelegenen Städte.

Leider hört man die Verkehrsgeräusche der stark befahrenen Straße, die dieses Haus mit der hektischen Außenwelt verbindet, aber den müden Reisenden, der hier so gut bewirtet worden ist, wird dies vielleicht nicht stören.

SPEIS UND TRANK: die täglich wechselnde Speisekarte enthält sechs Menüs (von DM 39,- bis DM 120,-), darunter ein Fisch-Menü, ein Driver- und ein Kindermenü. Sauerampfersüppchen mit Geflügelklößchen DM 12,50; Junge Heidekartoffeln mit Pfefferschmand und Matjestartar DM 14,50; Variationen vom Heidschnuckenlamm mit marktfrischen Gemüsen und Kartoffelgratin DM 38,50; "Ossobuco" - Kalbsbeinscheiben in Salbeirahm, Gemüse vom Markt und Semmelknödel DM 29,50. Entrecôte double, Gemüse der Saison und Pommes Dauphine für zwei Personen DM 39,50 pro Person. Und aus der Abteilung "Schlemmen ohne Fleisch": Bunter Strauß marktfrischer Gemüse mit Sauce Hollandaise überbacken DM 19,90.

WARME KÜCHE: 12.00 - 15.00 und 17.00 - 24.00 Uhr, Montag bis Mittwoch nur abends
PLÄTZE IM RESTAURANT: ca. 90
GARTEN / VERANDA - PLÄTZE: 24
LEITUNG DES HAUSES: Dagmar und Dieter Gerhardt
RUHETAGE
-IM RESTAURANT: Montag
-IM HOTEL: Montag
BETRIEBSFERIEN: keine

ÖFFNUNGSZEITEN

-IM RESTAURANT: 17.00 - 24.00 Uhr, Do - So auch 12.00 - 15.00 Uhr

ANZAHL DER ZIMMER: 20 DZ; 8 EZ

ZIMMERPREISE: DZ: DM 100,- / 140.- ; EZ: DM 80,- / 120,-

SPEZIELLE ARRANGEMENTS: z.B. ein Faulpelz-Wochenende mit Schlemmer-Menü u.a. für DM 200,- pro Person.

WAS MAN UNTERNEHMEN KANN

-IN DER UMGEBUNG: Reiten, Golfplatz 10 km, Tennis 2 km. Der "Laves Kulturpfad" - benannt nach dem im 19. Jh. in Hannover und Umgebung tätigen Architekten und Baumeister - führt als Rundwanderweg durch den ehemaligen Landschaftsgarten um Schloß Derneburg und verbindet verschiedene kunsthistorisch interessante klassizistische Bauwerke von Georg Ludwig Freidrich Laves, wie ein dorischer Tempel, das Mausoleum des Grafen Ernst zu Münster in Form einer Pyramide, ein Gewächshaus, das "Glashaus", das als Kultur- und Veranstaltungszentrum genutzt wird.

BEMERKENSWERTES: wenn Sie schon nicht ins kunsthistorisch interessante Hildesheim fahren mögen, schauen Sie sich das nahegelegene Sangershausen mit dem reizvollen Marktplatz und dem im 15 Jh. erbauten Rathaus an.

LANDHOTEL SCHLOSSWIRTSCHAFT
KIRCHPLATZ 2
89281 ILLEREICHEN
TELEFON: 08337 / 8045
TELEFAX: 08337 / 460

ANREISE: BAB 7 und Stuttgart-Kempten; zwischen Ulm und Memmingen Ausfahrt Altenstadt/Iller, ca. 2 km abseits der Autobahn bei der Kirche.
ENTFERNUNG NACH: Ulm 35 km, Stuttgart 110 km
KREDITKARTEN: Amex, Diners, Eurocard, Visa

HISTORISCHES HAUS AUS DEM JAHRE: 14. Jh.
BESCHREIBUNG DES HAUSES: das Anwesen liegt hoch über dem Illertal und ist Teil einer Schloßruine aus dem 14. Jh. Eine betont elegante Atmosphäre in ländlicher Idylle kennzeichnen die Schloßwirtschaft und das ruhige Hotel. Das Restaurant befindet sich in den renovierten Gewölben der ehemaligen Schloßbrennerei. Leider ist nicht mehr viel Altes erhalten und einige Stilmittel passen nicht ganz, aber der Gast tröstet sich schnell, denn hier ist eine der besten Gourmet-Adressen der Region. Die Zimmer sind u.a. mit Telefon und Farbfernseher ausgerüstet.

SPEIS UND TRANK: 7-gängiges Menü DM 155,-: Gebackene Kalbszungen-Bries-Terrine mit sauren Rädle; Pot-au-Feu vom Tafelspitz mit Leberspätzle; Blauer Zipfel vom Zander mit Senfkörnersauce; Apfel-Calvadossorbet mit Kompott;

Lammrückenscheiben mit Schalottenconfit und Nußkartoffeln; Käse vom Korb mit Früchtebrot; Geeister Ofenschlupfer mit Vanillebuchteln. 8-gängiges Überraschungsmenü aus den Tagesspezialitäten DM 175,-.
Gerichte à la carte: Geflügellebermousse mit Ackersalat und Birnenconfit DM 29,-; Schaumsüppchen von der Kartoffel, Blutwurstravioli DM 20,-; Donauwaller an Riesling-Wurzelsud und Rote Bete DM 50,-; Gefüllter Ochsenschwanz mit Gänsstopfleber und Grießnocken DM 52,-; Gefüllte Brie-Windbeutel mit lauwarmen Trauben DM 22,-
450 erstklassige Weine stehen zur Auswahl, wobei besonders die alten Bordeaux-Weine erwähnenswert sind.

WARME KÜCHE: 12.00 - 14.00 und 18.00 - 22.00 Uhr
PLÄTZE IM RESTAURANT: Stube: 30; im Gewölbe : 40
GARTEN / VERANDA - PLÄTZE: 40
LEITUNG DES HAUSES: Eberhard und Renate Aspacher
RUHETAGE: Sonntagabend; Montag
BETRIEBSFERIEN: keine
ÖFFNUNGSZEITEN: ganztägig
ANZAHL DER ZIMMER: 11
ZIMMERPREISE: DZ: DM 150,- / 180,- ; EZ: DM 106,-; 2 Appt.(4 Pers. DM 250,-)

WAS MAN UNTERNEHMEN KANN
-IM HAUS: Radverleih
-IN DER UMGEBUNG: Tennis, Golf (5 schöne Plätze im Umkreis), Reiten, Wandern, Schwimmen. Von hier aus kann

man Besichtigungstouren entlang der Oberschwäbischen Barockstraße unternehmen. Weltberühmt sind die Orgelkonzerte in der Basilika von Ottobeuren.

BEMERKENSWERTES: schauen Sie sich die neben dem Haus befindliche Pfarrkirche Mariä Himmelfahrt aus dem Jahre 1411 an. Neben Kostbarkeiten aus der Barockzeit beeindruckt die spätgotische Kreuzigungsgruppe.
Im nahegelegenen Altenstadt lohnt eine Besichtigung der Filialkirche Mariä Geburt.

MARKGRÄFLICH BADISCHE GASTSTÄTTE
SCHLOSS KIRCHBERG
AN DER B31
88090 IMMENSTAAD
TELEFON: 07545 / 6246

ANREISE: direkt am Bodensee an der B31 Friedrichshafen und Meersburg gelegen.
ENTFERNUNG NACH: Lindau 30 km
KREDITKARTEN: keine

HISTORISCHES HAUS AUS DEM JAHRE: 1288
BESCHREIBUNG DES HAUSES: "Schloß Kirchberg" ist eine besonders schön gegliederte Anlage hoch an einem Sonnenhang über dem Bodensee. An der Straßenseite, hinter dicken Mauern verborgen, liegt in einem spätgotische Bau mit Staffelgiebel der Schloßgasthof. Die Gaststube hat z.T. wunderbar bemalte Holzdecken, ansonsten sind die Räumlichkeiten sympathisch schlicht gehalten. Jeder, der auf der Gartenterrasse unter alten Bäumen sitzt, ist begeistert von dem herrlichen Blick über dem See. Hier ist ein hauseigener Strand. Leider sind nur drei Zimmer zu vermieten, diese aber sind großzügig mit Inventar aus vergangener Zeit möbliert. Übernachtungsmöglichkeiten gibt es aber in der Umgebung, z.B. in Immenstaad.
SPEIS UND TRANK: Spezialität: Bodensee-Fisch in vielen Variationen; z.B.: Felchenfilet nach Art des Chefs mit Tomate, Kapern, Petersilie, brauner Butter dazu Kartoffeln

und grüner Salat DM 26,50; Bodensee-Fischteller: Felchen, Egli, Lachsforelle und Hechtkloß in feinem Kräutersößle dazu Blattspinat sowie Langkorn -und Wildreis DM 30,50; "Schwabenschmaus": 3 Schweinelendchen mit Pfifferlingen und Champignons in Rahmsauce dazu Käs'spätzle und Salat DM 28,50. Hervorragende Weine aus eigenem Anbau.

WARME KÜCHE: 11.30 - 14.00 und 18.00 - 21.00 Uhr
PLÄTZE IM RESTAURANT: 65, 24 und ca. 50
GARTEN / VERANDA - PLÄTZE: ca. 40
LEITUNG DES HAUSES: Familie Rösch
RUHETAGE: Dienstag
BETRIEBSFERIEN: Mitte November bis Mitte März
ÖFFNUNGSZEITEN: 9.00 - 23.00 Uhr
ANZAHL DER ZIMMER: 3 DZ; z.T. auch mit mehreren Betten.
ZIMMERPREISE: DM 75, -/ 95,-

WAS MAN UNTERNEHMEN KANN

-IN DER UMGEBUNG: Wassersport auf dem Bodensee
BEMERKENSWERTES: sehenswert ist die Schloßanlage Kirchberg. Von diesem verkehrsgünstigen Punkt aus gibt es viele Ausflugsmöglichkeiten in die landschaftlich reizvolle und an Geschichte und Kultur reiche Gegend, z.B. zur Wallfahrtskirche Birnau, der bedeutendsten Rokokokirche am Bodensee.

ZEHNTKELLER
POSTFACH 6 / BAHNHOFSTR. 12
97343 IPHOFEN
TELEFON: 09323 / 3062
TELEFAX: 09323 / 1519

ANREISE: Iphofen liegt an der B 8, BAB Würzburg-Nürnberg, Abfahrt Schweinfurt nach Iphofen.
ENTFERNUNG NACH: Würzburg 30 km, Nürnberg 70 km
KREDITKARTEN: Amex, Diners, Eurocard, Visa

HISTORISCHES HAUS AUS DEM JAHRE: 1726
BESCHREIBUNG DES HAUSES: zwischen den alten Fachwerkhäusern der Weinstadt Iphofen liegt der "Zehntkeller", so genannt, weil in früheren Zeiten hier der Zehnte an die Obrigkeit abgeliefert wurde. Das Haus hat eine bewegte Vergangenheit und wurde erst spät zur Gaststätte und Hotel ausgebaut. Viel wurde - nicht immer nach unserem Geschmack und unter Wahrung des Alten - renoviert. Die beiden Gaststuben sind jedoch im alten fränkischen Stil erhalten und verbreiten Atmosphäre. An warmen Tagen sitzt man draußen im Innenhof. Es lohnt sich, im neuen Gästehaus zu übernachten, nicht nur, weil Iphofen eine reizvolle mittelalterliche Stadt ist, sondern auch, weil es im Zehntkeller hervorragenden Wein aus eigenem Anbau gibt. Die Weinproben finden in den ehemaligen Kellerräumen statt. Hier saß schon Tucholsky und bedauerte: "Schade, daß man einen Wein nicht streicheln kann."

SPEIS UND TRANK: die Küche bietet Fränkisches bis Schwäbisches auf hohem Niveau, z.B. das 5-gängige Romantik-Menü für DM 76,-: Sülze vom fränkischen Hauskaninchen; Sauerampfersuppe; Spargelsalat in Radieschenvinaigrette; Kaninchenrückenfilet mit Jakobsmuscheln an Safransoße und roter Camargue-Reis; Erdbeeren auf Zitronengrasgelée: Das kleine 3-gängige Menü kostet DM 36,-. Fränkische Perlgraupensuppe mit Schinkenkrapfen DM 7,50; Fränkischer Flußzander im Radieschenmantel auf Trüffelsoße mit bunten Nudeln DM 32,-; Haustäubchen mit Speck-Semmel-Füllung auf Kalbsbriesragout DM 36,-. Geeistes Erdbeersüppchen mit fränkischem Sekt parfümiert und Vanilleklößchen DM 12,-.

Köstlicher Wein aus eigenem Anbau.

WARME KÜCHE: 11.30 - 14.00 und 18.30 - 21.30 Uhr, während der übrigen Tageszeit kleine Vesperkarte.
PLÄTZE IM RESTAURANT: . 140
GARTEN / VERANDA - PLÄTZE: 40
LEITUNG DES HAUSES: Familie Seufert
RUHETAGE: keine
BETRIEBSFERIEN: 10.01 - 30.01.
ÖFFNUNGSZEITEN: 6.00 - 24.00 Uhr
ANZAHL DER ZIMMER: 24 DZ ; 19 EZ
ZIMMERPREISE: DZ: DM 140,-/220,- ; EZ: DM 110,-/150,-

WAS MAN UNTERNEHMEN KANN

-IM HAUS: fachlich geleitete Weinproben.

-IN DER UMGEBUNG: Gäste des Hauses zahlen auf dem Golfplatz im 15km entfernten Mainsondheim ein reduziertes Greenfee. Erkundigen Sie sich bei den Gastgebern nach den Terminen der zahlreichen Weinfeste in der Umgebung.

BEMERKENSWERTES: Iphofen ist eine schöne kleine Stadt mit einem barocken Rathaus am Marktplatz und der Pfarrkirche St. Veit , in der sich Werke von T. Riemenschneider befinden. Besuchen Sie auch das Fränkische Bauern- und Handwerksmuseum im Ortsteil Mainsondheim oder das Knauf-Museum mit seiner Sammlung von Reliefs aus allen Kulturepochen.
Sollten Sie im Zehntkeller nicht speisen wollen oder keinen Platz finden, so können wir Ihnen die Empfehlung von Eingeweihten weitergeben, die einen Besuch des Restaurants "Zur Iphöfer Kammer" (Tel.09323/1907) vorschlagen.

HOTEL GUT ISING
GUTSGASTHOF ZUM GOLDENEN PFLUG
KIRCHBERG 3
83339 ISING AM CHIEMSEE
TELEFON: 08667 / 790
TELEFAX: 08667 / 79432

ANREISE: BAB 8 München-Salzburg, Ausfahrt Grabenstätt; über Grabenstätt und Chieming weiter in Richtung Seebruck, oder Sie fahren in Bernau von der Autobahn herunter am Chiemsee entlang über Prien nach Gstadt und über Seebruck nach Ising.
ENTFERNUNG NACH: München 105 km, Rosenheim 35 km, Salzburg 50 km, Traunstein 15 km.
KREDITKARTEN: Amex, Diners, Eurocard, Visa

HISTORISCHES HAUS AUS DEM JAHRE: 1489
BESCHREIBUNG DES HAUSES: idyllisch liegt diese Gutsanlage mit Biedermeierhaus, Pferde- und Kutschenmuseum am Ostufer des Chiemsee mit einem herrlichen Blick über die Chiemgauer Alpen. Das gesamte Anwesen ist sehr großzügig angelegt. In den verschiedenen Gaststuben mit unterschiedlichem Ambiente geht es teilweise zünftig und teilweise etwas edler zu; von der Brotzeit bis zum erlesenen Menü - alles läßt sich im angemessenen und angenehmen Rahmen in der ländlichen "Gaststube", der "Jägerstube", der "Fischerstube" oder der "Reiterstube" unter Gewölbebögen im ehemaligen Pferdestall des Gutshofes einnehmen.

Wenn Sie Ferien machen möchten auf dem Lande, am See, in ruhiger schöner Lage, auf einem traditionsreichen Gutshof mit Sportmöglichkeiten, dann ist der "Goldene Pflug" der geeignete Platz.

SPEIS UND TRANK: verfeinerte rustikale Küche. z.B.: Sommerliche Blattsalate im Kürbiskernöldressing mit Carpaccio von Lachs und Zander DM 22,50; Creme von jungen Brennesseln mit Hechtnockerl DM 8,50; Frische Pfifferlinge in Rahm mit Semmelknödel DM 30,00; Rehschnitzel im Vollkorn-Brezenmantel gebacken, auf Preiselbeersauce mit frischem Gemüse und Kartoffel-Gratin DM 32,50; Ziegenkitzsteaks vom Grill auf Kartoffelgoulasch, kleine Gemüse und Salatschüssel DM 32,-. Spezialität: Fische aus den Seen der Umgebung. Die Küche bietet auch Gerichte aus der Vollwert- und Natur-Küche an. Wenn Sie es etwas Deftiger mögen, auch hierfür kann gesorgt werden.

WARME KÜCHE: 12.00 - 14.00 und 18.00 - 22.00 Uhr, dazwischen kleine Karte für die Brotzeit
PLÄTZE IM RESTAURANT: 280
GARTEN / VERANDA - PLÄTZE: 100 im Innenhof, 70 im Frühstücksgarten, 100 im Bistrogarten, es können bei Bedarf auch noch der Garten am Seehaus und die zur Anlage gehörenden umliegenden Wiesen für Feste u.ä. hergerichtet werden.
LEITUNG DES HAUSES: Wilhelm Ritter
RUHETAGE: keine

BETRIEBSFERIEN: keine
ÖFFNUNGSZEITEN: durchgehend
ANZAHL DER ZIMMER: 111 DZ, 4 EZ, 10 Suiten
ZIMMERPREISE: DZ: DM 212,- / 227,- ; EZ: DM 145,- / 187,- Suiten: DM 306,- / 327,-
SPEZIELLE ARRANGEMENTS: fragen Sie nach Sonder-Arrangements, wie den "Ferien nach Gutsherren-Art "oder nach den "Jagdwochenenden" im Herbst.

WAS MAN UNTERNEHMEN KANN
-IM HAUS: ob Tennis- oder Reitschule, Fahrradverleih, Squash, Kegeln, Schießen, Segeln, ein eigener Poloplatz oder ein 9 - Loch-Golfplatz, es werden Ihnen alle Sportmöglichkeiten geboten. Es gibt einen eigenen Badestrand am Chiemsee. Ein Schwimmbad und ein Wellness-Bereich sind im Bau und stehen ab Dez. 93 zu Verfügung.

BEMERKENSWERTES: im Sommer findet hier bis in den August bei gutem Wetter das "Isinger Sommertheater" statt. Ferner lohnt ein Besuch der sommerlichen Freilichtfestspiele im nahen Kloster Seon. Sehenswert ist die kleine Rokokokirche mit gotischen Bauelementen in Ising selbst.

HOTEL-GASTHOF ADLER
88316 ISNY-GROSSHOLZLEUTE
TELEFON: 07562 / 2041-43
TELEFAX: 07562 / 55299

ANREISE: auf der BAB 7 Ulm - Kempten, dann auf der B 12 Kempten - Lindau nach Isny - zwischen Kempten und Wangen gelegen.
ENTFERNUNG NACH: Kempten 35 km, Lindau 45 km
KREDITKARTEN: Amex, Diners, Eurocard, Visa

HISTORISCHES HAUS AUS DEM JAHRE: um 1400
BESCHREIBUNG DES HAUSES: man fährt durch sattgrüne Bergwiesen bevor man den "Adler" erreicht. Dieses malerische Gasthaus strahlt innen wie außen das Fluidum der Vergangenheit aus. Der berühmte "Adler" hat eine so lange Geschichte wie kaum ein anderer Gasthof im Allgäu. Schon um 1400 wurde eine Wasserburg an dieser Stelle gebaut, und nach wechselvollen Jahrhunderten entstand 1714 die erste Taverne "Zum Adler". Maria Theresia zog durch den Ort, und Marie Antoinette stieg auf ihrer Reise nach Straßburg im "Adler" ab. Das pittoreske Wirtshausschild stammt noch aus dieser Zeit. Die Fassade des Hauses ist mit viel Geschmack renoviert, und die besonders schöne Gaststube mit Kassettendecke und altem Bauerngestühl atmet Tradition. Dem historischen Gebäude wurde ein modernes Kurhotel mit Sport- und Massagemöglichkeiten angegliedert. Hier finden Sie jeden Komfort.

SPEIS UND TRANK: die Speisekarte bietet regionale und saisonale Spezialitäten, vegetarische und Vollwertgerichte. Auf Wunsch auch Diät-Gerichte. "Adler-Topf"- verschiedene Filets auf handgemachten Spätzle mit frischen Champignons auf Artischockenboden, Spargel, Grillwürstchen und buntem Salatteller DM 20,-; Schweinerückensteak gebratene Apfelscheibe, Kartoffelcroquetten, Sahnemeerrettich, Salat DM 18,50; 14 verschiedene Maultaschengerichte z.B. Maultaschen mit Nüssen, Ananas, Rosinen und Paprikaschoten mit Käse überbacken und buntem Salatteller DM 16,50. Oder versuchen Sie die Schwarzwaldspezialität: Schwarzwälder-Schinken-Teller mit Kirschwasser, Butter und Brot DM 13,-.

WARME KÜCHE: 11.00 - 21.00 Uhr
PLÄTZE IM RESTAURANT: 80
GARTEN / VERANDA - PLÄTZE: 80
LEITUNG DES HAUSES: Familie Helene Zürn
RUHETAGE: Montag
BETRIEBSFERIEN: Mitte November bis Mitte Dezember
ÖFFNUNGSZEITEN: durchgehend
ANZAHL DER ZIMMER: 18
ZIMMERPREISE: DM 40,- / 75,- pro Person

WAS MAN UNTERNEHMEN KANN
-IN DER UMGEBUNG: Wandern, Langlauf, Schwimmen
BEMERKENSWERTES: sehenswert: die Reste der Stadtbefestigung der ehemaligen Reichsstadt, das Rathaus, die St. Georgskirche mit Marienkapelle und die Nicolaikirche.

PARKHOTEL WASSERBURG ANHOLT
KLEVER STR. 2
46419 ISSELBURG
TELEFON: 02874 / 4590
TELEFAX: 02874 / 4035

ANREISE: BAB 3 Oberhausen - Arnheim, Ausfahrt Bocholt-Isselburg, Rees.
ENTFERNUNG NACH: Düsseldorf 80 km, Münster 80 km, Arnheim (Holland) 30 km
KREDITKARTEN: Eurocard, Diners, Visa

HISTORISCHES HAUS AUS DEM JAHRE: ältester Teil aus dem 12.Jh.
BESCHREIBUNG DES HAUSES: eine außergewöhnliche und beeindruckende Wasserburganlage in einer schönen, ruhigen Landschaft. Abends, wenn die Tagesgäste, die das Museum und den Park besucht haben, wieder nach Hause gefahren sind, liegt Schloß Anholt fast einsam in der Landschaft. Ältester Teil der Anlage, die aus der Vorburg (in der sich das Hotel und die Restaurants befinden) und der Hauptburg besteht, dürfte der "Dicke Turm" sein, eine aus dem 12. Jh. auf Pfahlgründungen errichtete Befestigungsanlage in einem damals unzugänglichen Sumpfgelände. Auch die heute noch erhaltenen Hauptmauern ruhen auf Pfahlrosten und stammen aus dem 13. und 14. Jh. Im Inneren der Hauptburg kann man die verschiedene Säle, Kabinette und die Bibliothek in ihrem Originalzustand aus dem 17.- 19.Jh.

besichtigen, sie enthalten z.T. sehenswerte Gemälde, Möbel und eine Sammlung chinesischen Porzellans.

SPEIS UND TRANK: gibt's im "Schloßrestaurant", im "Pferdestall", abends auch in der "Bierstube"; Kaffee und Kuchen im "Treppchen". Die Küche verarbeitet Frischprodukte mit Berücksichtigung regionaler Tradition. Das 7-gängige "Schloßmenü" (DM 126,-) enthält z.B.: Sommerlicher Salat mit Meeresfrüchten; Kartoffelrahmsuppe mit Trüffelaroma; Gefülltes Seezungenfilet orientalisch; Mirabellensorbet; Dialog vom Kalbsfilet und Bries an Salbeisauce, Gemüse und hausgemachte Nudeln; Auswahl von Roh-milchkäse; Variation von der Johannisbeere. Oder versuchen Sie: Gebratene Blutwurst und Leberwurst auf Majoranjus mit Apfelmeerrettich DM 9,-; Schweineschnitzel mit Ragout fin gefüllt mit Schinken und Käse überbacken, Gemüse und Bandnudeln DM 19,-; Gebratener Salm auf leichter Senfsauce DM 32,-; Rehnüßchen und Poulardenbrust im Wirsingmantel mit Mischpilzen DM 30,-.

WARME KÜCHE: 12.00 - 14.30 und 18.30 -21.30 Uhr
PLÄTZE IM RESTAURANT: "Treppenterrasse": 60, "Pferdestall": 25, "Schloßrestaurant": 50
TAGUNGSRÄUME: Veranstaltungs- und Festräume 120 - 150, 3 Konferenzräume
GARTEN / VERANDA-PLÄTZE: 150 auf einer holzgeplankten Terrasse über dem Burggraben.
LEITUNG DES HAUSES: Heide und Heinz Brune

RUHETAGE: keine
BETRIEBSFERIEN: keine
ÖFFNUNGSZEITEN: 7.00 - 24.00 Uhr
ANZAHL DER ZIMMER: 22 DZ; 6 EZ
ZIMMERPREISE: DZ: DM 192,- / 250,-; EZ: DM 145,- / 165,- Fürstensuite: DM 240,-/360,-; Appt.: DM 285,-
SPEZIELLE ARRANGEMENTS: Wochenendpauschale (enthält die Übernachtung und das Abendessen am Freitag und am Samstag) DM 302,-./.580,- pro Person; Spezialarrangements für Konferenzen und Gruppen auf Anfrage.

WAS MAN UNTERNEHMEN KANN
-IM HAUS: Besuch des Museums mit der Gemäldesammlung niederländischer, deutscher und italienischer Meister aus dem 16. und 17.Jh., den Sammlungen von chinesischem Porzellan, flämischen Wandteppichen und Ledertapeten aus dem 18. Jh. (Öffnungszeiten für Park und Museum: 15. März bis 15. Oktober, 10.00 - 18.00 Uhr, montags geschlossen. Im Winter nur samstags und sonntags 10.00 - 18.00 geöffnet).
-IN DER UMGEBUNG: der heutige Zustand des Parks als Englischer Garten wurde nach der völligen Zerstörung im 2. Weltkrieg wiederhergestellt. Er enthält einen Wassergarten und eine Rosenschau. Zur Anlage gehört auch die in der Mode des 18.Jh. als Miniaturlandschaft gestaltete "Anholter Schweiz" mit einem Vierwaldstätter See en miniature, nachgebildeten Gebirgen und einem Chalet. Hier gibt es Wildgehege und eine Fasanerie. (Öffnungszeiten im Sommer: dienstags bis sonntags 10.00 - 18.00 Uhr; im Winter: nur samstags und sonntags 12.00 - 17.00 Uhr).
In unmittelbarer Nähe der 18-Loch-Golfplatz des Golfclub Wasserburg Anholt, Tennis, Bade- und Reitmöglichkeit.

HERBSTPRINZ
OSTERJORK 76
21635 JORK
TELEFON: 04162 / 7403
TELEFAX: 04162 / 5729

ANREISE: BAB Flensburg - Hamburg - Bremen; kurz hinter dem Hamburger Elbtunnel Ausfahrt Waltershof/ Finkenwerder, durch Finkenwerder hindurch, links hinter der Mühle, in Ortsmitte wieder links.
ENTFERNUNG NACH: Hamburg 30 km,
KREDITKARTEN: keine

HISTORISCHES HAUS AUS DEM JAHRE: 1700
BESCHREIBUNG DES HAUSES: eine 300jährige Altländer Kate im Originalzustand beherbergt einen der schönsten historischen Gasthöfe in der näheren Umgebung Hamburgs. Hier war nie irgendein Prinz im Herbst eingekehrt, sondern eine hiesige Apfelsorte gab dem Haus den Namen. Die Eingangsdiele mit Altländer Bodenfliesen und vielen historischen Dekorationsstücken schafft zunächst die Stimmung im"Herbstprinz". Der Flügel in der Diele wird bei Festen und klassischen Konzerten gespielt. Die fünf verwinkelten Räume in diesem reetgedeckten Bauernhaus sind in ihrem Originalzustand belassen. Hier speist man bei klassischer Musik: im Lichte alter Kerzenleuchter in der "Küche", im "Alkoven" zum intimen Tête-à-tête oder in der "Guten Stube". Die tiefen Holzdecken und das Altländer Mobiliar verstärken noch

die heimelige Atmosphäre in diesem denkmalgeschützten Hause.

SPEIS UND TRANK: schon die Speisekarte mit der Zeichnung eines trachtengewandeten Paares aus dem Alten Land, zu dem Jork gehört, läßt Regionales und Angenehmes erahnen. Frische deutsche Küche mit Schwerpunkt auf Fisch, auch der bekannte Altländer Katenschinken ist natürlich auf der Karte. Häufig wechselndes 4-gängiges Tagesmenü für DM 35,-. Besonders originell: das Apfelmenü: Apfelsuppe; Creation verschiedener Salate mit Äpfeln; Bratapfel gefüllt mit Blattspinat an Kräuter-Hollandaise gratiniert; Filetköpfe, Sauce Calvados, feines Gemüse, Pommes Macaire; Apfel-Eistraum; Apfel-Tee, Apfelpfannküchlein DM 65,-. Probieren Sie auch die Original Altländer Hochzeitssuppe aus Rindfleisch, Rosinen und Graupen DM 10,50; Nordseescholle "Finkenwerder Art" DM 29,50, und natürlich die Rote Grütze von Altländer Früchten mit Vanillesauce DM 9,50. Nach einem Abendessen wird jeder Gast zu einem Herbstprinz-Brand eingeladen.

WARME KÜCHE: Di-Fr 12.00 - 14.30, 18.00 - 22.00 Uhr; Sa 12.00 - 22.00 Uhr; So 12.00 - 21.00 Uhr

PLÄTZE IM RESTAURANT: 90

GARTEN / VERANDA - PLÄTZE: 60

LEITUNG DES HAUSES: Renate Pahlke

RUHETAGE: Montag

BETRIEBSFERIEN: bitte erfragen

ÖFFNUNGSZEITEN: Di-Fr 11.30 - 15.00 u.17.30 - 23.30 Uhr; Sa 11.30 - 23.30 Uhr; So 11.30 - 22.00 Uhr

ANZAHL DER ZIMMER: für denjenigen, der nicht in die Stadt zurück möchte oder unter Umständen gar dem Weine zu sehr zugesprochen hat: Übernachtung beim Obstbauern nebenan: Klaus Rieper, Tel. : 04162 / 362. 3 DZ, 1 EZ (sehr einfach); DZ: DM 50,- / EZ: DM 27,- .

BEMERKENSWERTES: während der Obstblüte, wenn die weiße Blütenpracht sich über die Bäume legt, lohnt ein Besuch des Alten Landes auf alle Fälle. Aber auch zu jeder anderen Jahreszeit ist Jork wegen der schönen Fachwerkhäuser der Obstbauern mit ihren malerischen Giebeln ein schönes Ausflugsziel. Schlendern Sie durch das Dorf, das mit den in Ziegelfachwerk errichteten Bauernhäusern der Inbegriff altländischer Bauernkultur ist. Mitten in Jork die Backsteinkirche aus der Barockzeit, in der immerhin schon Lessing heiratete. Reizvoll auch das nur wenige Kilometer entfernte Stade mit den beiden heute evangelischen Kirchen aus dem 12. Jh.

GRANDER MÜHLE
LAUENBURGERSTR.
22958 KUDDEWÖRDE
TELEFON: 04154 / 2412

ANREISE: BAB 24 Hamburg-Berlin, Ausfahrt Grande
ENTFERNUNG NACH: Hamburg 16 km, Lübeck 50 km, Trittau 3 km, Schwarzenbek 13 km.
KREDITKARTEN: keine

HISTORISCHES HAUS AUS DEM JAHRE: 1248, Neueröffnung 1982
BESCHREIBUNG DES HAUSES: die "Grander Mühle" ist eine der ältesten Kornmühlen Deutschlands, seit dem frühen 14.Jh. klappert sie an der Bille im Sachsenwald. Jeder Müller hatte das Schankrecht, und so konnte man schon damals hier einkehren. Nicht nur Bauern und Handwerker stärkten sich in der Mühle, auch König Friedrich V. und Feldmarschall Blücher wurden hier bewirtet. Später ging sie in den Besitz Bismarcks über, der sie verkaufte. Dann entstand ein zurückhaltend und sympathisch renoviertes Restaurant in den Fachwerkräumen der Mühle
Die drei Gaststuben sind in norddeutschem Bauernstil eingerichtet und dekoriert. Gegenüber dem Kamin nahe der Diele ist der gemütlichsteTisch. Die ehemalige Scheune, dem Restaurant gegenüber gelegen, wurde im Zuge der Restaurierung zu einem Hotel ausgebaut.

SPEIS UND TRANK: z.B. hausgebeizter Graved Lachs, Senf-Dill-Sauce, Feldsalat DM 16,50; Hirschrahmgulasch mit verschiedenen Waldpilzen, Preiselbeerbirne, Apfelrotkohl und Kroketten DM 22,50; "Mühlenpfanne" - verschiedene kleine Steaks mit Grilltomate und Kräuterbutter, Salatteller, Bratkartoffeln DM 27,-; Hummerkrabben im Speckmantel auf Blattspinat, Salatteller, Baguette DM 32,50; Hausgemachte Rote Grütze mit Sahne DM 6,50.
Nette Auswahl deutscher Weine.

WARME KÜCHE: 12.00 - 22.30 Uhr
PLÄTZE IM RESTAURANT: 46 in 3 Räumen
GARTEN / VERANDA - PLÄTZE: 30
LEITUNG DES HAUSES: Familie Reiße und Frau Kusch
RUHETAGE: Dienstag
BETRIEBSFERIEN: bitte erfragen
ÖFFNUNGSZEITEN
-IM RESTAURANT: 12.00 - 23.00 Uhr
ANZAHL DER ZIMMER: 13
ZIMMERPREISE: DZ: DM 100,-; EZ: DM 70,-

WAS MAN UNTERNEHMEN KANN
-IN DER UMGEBUNG: Joggen, Radfahren, Wandern.

BEMERKENSWERTES: in Fuhlenhagen steht eine kleine besichtigungswürdige Kapelle aus dem 16. Jh. Der Schmetterlingsgarten in Friedrichsruh ist 7 km entfernt.

WINKLER BRÄUSTÜBERL
ST.MARTIN-STR. 6
92355 LENGENFELD/VELBURG
TELEFON: 09182 / 170
TELEFAX: 091820 / 1710

ANREISE: BAB 3 Nürnberg-Regensburg, etwa nach der Hälfte der Strecke Ausfahrt Velburg/Lengenfeld
ENTFERNUNG NACH: Regensburg 50 km, Nürnberg 50 km
KREDITKARTEN: Diners, Eurocard, Visa

HISTORISCHES HAUS AUS DEM JAHRE: 1428
BESCHREIBUNG DES HAUSES: bereits das Äußere dieses Hauses mit seinen malerischen Schriftzeichen "Winklerbräu-Bräustüberl" stimmt fröhlich, sieht man dem "Winkler" doch bereits hier an, daß es sich um einen typisch bayrischen Brauereigasthof mit bester Wirtshaustradition handelt. Die rustikalen Räume, die "Tillystub'n" mit ihren schweren schmiedeeisernen Leuchtern, den Zinntellern und den Ähren-Gebinden und die "Konradstub'n" mit Werner Tilly und Frau in Öl und anderen Zeugnissen aus der Geschichte des Hauses, sind urig behaglich. Die Atmosphäre wird durch die überwiegend einheimischen Gäste bestimmt, die eine heitere und ungezwungene Stimmung verbreiten. Nichts wirkt hier gekünstelt oder aufgesetzt, aufmerksam und zuvorkommend wird serviert.

SPEIS UND TRANK: einheimische bayrische Küche z.B.

Lammschlegel in Rahmsauce mit Knödel, Spätzle und Salatteller DM 17,90; Wildschweinbraten in Wacholderrahmsauce mit Knödel, Spätzle und Salatteller DM 20,90; Bayrische Leberknödelsuppe DM 4,90.
Hier trinkt man Bier und zwar eines von 5 wohlschmeckenden aus der eigenen Produktion. Wer trotzdem Wein haben will, wird sich mit einigen wenigen Angeboten bescheiden müssen.
Wen es in der Fastenzeit im katholischen Bayern einmal nach Besonderem gelüstet, sollte sich während dieser Zeit zum Winkler aufmachen, um dort die Lengenfelder Bierwochen mit Oberpfälzer Schmankerl zu erleben und zu genießen.

WARME KÜCHE: 11.00 - 15.00 und 17.00 - 21.00 Uhr, Sonn- und Feiertage bis 20.30 Uhr
PLÄTZE IM RESTAURANT: in allen Räumen 250
GARTEN / VERANDA - PLÄTZE: 90; in einem pfundigen Innenhof-Biergarten mit Gartengestühl von Anno dazumal. Im Sommer können Sie hier das "Kupfer-Spezial" aus eigener Brauerei genießen.

LEITUNG DES HAUSES: Gabriele und Hanns-Konrad Winkler (seit 1428 befindet sich der "Winkler" in Familienbesitz).
RUHETAGE: keine
BETRIEBSFERIEN: Ende der bayrischen Weihnachtsferien; Dauer 2 Wochen.

ÖFFNUNGSZEITEN
-IM RESTAURANT: werktags 8.00 - 23.00 Uhr; Sonn- und feiertags 8.00 - 21.00 Uhr
ANZAHL DER ZIMMER: 47 DZ; 8 EZ
ZIMMERPREISE: DM 80,- / 130,-

WAS MAN UNTERNEHMEN KANN
-IM HAUS: Hallenbad, Sauna, Fahrräder
-IN DER UMGEBUNG: in Velburg Schwimmbad; Golf 20 km entfernt, Kegeln 3 km entfernt, Tennis 14 km entfernt; .

BEMERKENSWERTES: direkt hinter dem Haus befindet sich eine kleine Barockkirche, in Velburg die im Barock umgestaltete Pfarrkirche aus dem 13. Jahrhundert. Ein beliebtes Ausflugsziel ist die König-Otto-Tropfsteinhöhle, eine von 30 Höhlen aus dem Jura in der Oberpfalz.

MADAME

Das 3 Sterne-Abonnement.

Wer zu leben versteht, der versteht auch zu lesen. Ein Abonnement von MADAME ist ein Genuß besonderer Klasse. Zum Vorzugspreis von nur DM 9,35 pro Ausgabe erleben Sie internationale Mode, Kultur und Gesellschaft. Reisen, Schönheit und Gesundheit. Immer wieder spannend. Und immer auf höchstem Niveau.

Bestellen – genießen! Mit dem Vorzugscoupon auf der Rückseite.

Anzeige

Ein MADAME-Abonnement hat 3-Sterne-Niveau:

- ★ Sie lesen 12 mal im Jahr über Mode und Schönheit, Kunst und Kultur, Gesundheit und moderne Gesellschaft. Und zahlen pro Ausgabe nur DM 9.35 statt DM 11,– bei Einzelkauf. (Im Ausland zuzügl. Porto.)
- ★ Ihre Ausgabe von MADAME kommt pünktlich und regelmäßig ins Haus. Mit dem MADAME-Journal als Exklusiv-Serie für Abonnenten.
- ★ Wenn Sie Ihr Abonnement beenden möchten, zahlt der Verlag Ihr Restguthaben zurück.

Coupon bitte ausschneiden und absenden an MADAME Abonnenten-Service, MAGAZINPRESSE Verlag, Postfach 201441, D-80014 München.

Bitte

senden Sie mir ab der kommenden Ausgabe MADAME mit dem Abo-Journal.

Schön,

daß ich in Zukunft MADAME zum Vorzugspreis von nur DM 9,35 (statt DM 11,– bei Einzelkauf) pro Ausgabe (im Ausland zuzüglich Porto) frei Haus bekomme. Bitte berechnen Sie das Abonnement

☐ halbjährlich (DM 56,10)
☐ jährlich (DM 112,20)

Name, Vorname

Straße

PLZ, Ort 93 RF

Ich bezahle ☐ gegen Rechnung
☐ durch Bankeinzug

BLZ, Kto.-Nr.

Geldinstitut

Wenn ich das Abonnement während der Laufzeit beenden möchte, zahlt der Verlag mein Restguthaben zurück.

Datum Unterschrift

Vertrauensgarantie: Ich kann die Bestellung binnen einer Frist von 10 Tagen schriftlich widerrufen. Diese Widerrufsfrist beginnt mit dem Absenden der Bestellkarte. Zur Fristwahrung genügt die rechtzeitige Absendung des Widerrufs an MADAME-Abonnenten-Service, MAGAZINPRESSE Verlag, Postfach 201441, D-80014 München.
Dies bestätige ich durch meine zweite Unterschrift.

Datum 2. Unterschrift
Bitte unbedingt hier unterschreiben!

GASTHAUS IM HOCHSPESSART
97840 LICHTENAU
TELEFON: 09352 / 1228
TELEFAX: 09352 / 70229

ANREISE: B26 Lohr, Rechtenbach, Lichtenau oder BAB 3 Würzburg-Frankfurt, Ausfahrt Weibersbrunn, Richtung Rothenbuch-Lichtenau; oder BAB 3 Ausfahrt Marktheidenfeld, Hafenlohr-Lichtenau.

ENTFERNUNG NACH: Würzburg 35 km, Frankfurt/M. 75 km
KREDITKARTEN: keine

HISTORISCHES HAUS AUS DEM JAHRE: 16.Jh., seit dem 19.Jh. Gasthaus.
BESCHREIBUNG DES HAUSES: "Die Perle des Spessarts. Dies ist nicht das Wirtshaus im Spessart, das liegt in Rohrbrunn - aber wir benennen das um: hier ist es richtig." Diese Worte schrieb Tucholsky über den einsam im Wald gelegenen Gasthof. Die beiden Gasträume mit alten Holzstühlen, Kachelofen und getäfelten Wänden sind im ursprünglichen Stil erhalten. Noch einmal Tucholsky: "Die Steindachlinie des Hauses ist so streng - hier müßten altpreußische Reiter einreiten, etwa aus der Zeit Louis Ferdinands. . . Um uns herum rauscht der Parkwald. Die Zeit ist stehengeblieben." Allein die lange Fahrt zu diesem Haus durch die zeitlose Stille des Waldes lohnt sich. Im Sommer lockt die wunderschöne Waldterrasse.
SPEIS UND TRANK: rustikale Gerichte, z.B. Hausmacher-Wurstteller mit Brot DM 6,80; Wildschweinschinkenplatte

mit Brot und Butter DM 14,40; Spessartforelle blau mit Kartoffeln und gemischtem Salat DM 17,80.

PLÄTZE IM RESTAURANT: 186 in 3 Räumen
GARTEN / VERANDA - PLÄTZE: 50
LEITUNG DES HAUSES: Marianne und Willy Geis
RUHETAGE: Donnerstag. Im November nur Samstag und Sonntag geöffnet.
BETRIEBSFERIEN: Ende November bis Ende Dezember
ÖFFNUNGSZEITEN IM RESTAURANT: 8.00 - 23.00 Uhr
ANZAHL DER ZIMMER: 11 DZ, 3 EZ
ZIMMERPREISE: DZ: DM 75,- , EZ: DM 37,50

BEMERKENSWERTES: das nahegelegene Rothenfels bei Neustadt am Main bietet einiges Beachtliche, wie z.B. das Rathaus und die katholische Pfarrkirche, oder besuchen Sie das Spessart-Museum in Lohr am Main.

LANDGASTHAUS WAIDHOF
79594 LÖRRACH-INZLINGEN
TELEFON: 07621 / 2629

ANREISE: BAB Freiburg-Basel über Lörrach nach Inzlingen
ENTFERNUNG NACH: Basel 5 km, Lörrach 3 km
KREDITKARTEN: keine

HISTORISCHES HAUS AUS DEM JAHRE: 1925
BESCHREIBUNG DES HAUSES: unerwartet taucht dieses Gasthaus auf der Strecke nach Lörrach auf. Die pittoreske Fassade lockt den Vorbeifahrenden in dieses Haus, das seit 3 Generationen im Familienbesitz ist. Die Wirtsstube entspricht alter Markgräfler Tradition.

SPEIS UND TRANK: Verlockendes steht auf der Speisekarte: "Meine Küche ist badisch und bezieht frankophile und schweizerische Geschmacksnerven mit ein. Ich bekenne mich zum raffiniert Einfachen, d.h. naturell kochen, den Eigengeschmack des Gerichtes heben".
"Menü surprise" aus frischen Tagesprodukten zusammengestellt: DM 70,- /135,-; Sauerbraten in Burgundersauce mit Spätzle vom Brett DM 30,-; Kalbsleber auf Markgräfler Art DM 34,-; Lammcarree für 2 Pers., frisches Gemüse, Gratin dauphinois DM 84,- . Unsere besondere Empfehlung: der badisch-elsässische Coq au vin an Riesling!
Gute Auswahl badischer Weine der hiesigen Gegend.

WARME KÜCHE: 12.00 - 14.00 und 18.00- 21.30 Uhr
PLÄTZE IM RESTAURANT: 50
GARTEN / VERANDA - PLÄTZE: keine
LEITUNG DES HAUSES: Familie Haas
RUHETAGE: Sonntag und Montag
BETRIEBSFERIEN: Februar und Juli
ÖFFNUNGSZEITEN: 12.00 - 14.00 und 18.00 - 24.00 Uhr

ANZAHL DER ZIMMER: keine. Als Übernachtungsmöglichkeit wird das Hotel "Villa Elben" (Hünerberg 26; Tel. 07621/2066, 84766) empfohlen. Gegebenenfalls Alternativen beim Wirt erfragen.

BEMERKENSWERTES: das einzige noch erhaltene Wasserschloß im Südwesten steht in Inzlingen und stammt aus dem 15.Jh. Es ist auf einem Fundament aus dicken Eichenbohlen erbaut und hat im Inneren Barockmalereien. Das Schloß beherbergt ein Restaurant (Tel: 07621/47057), das ein schönes Ambiente und gute Küche haben soll.

SCHABBELHAUS
MENGSTRASSE 48-50
23552 LÜBECK
TELEFON: 0451 / 72011
TELEFAX: 0451 / 7505

ANREISE: BAB Hamburg - Lübeck, Abfahrt Lübeck Zentrum, an der der Marienkirche, 150 m vom Buddenbrookhaus entfernt.

ENTFERNUNG NACH: Hamburg 67 km, Wismar 60 km
KREDITKARTEN: Amex, Diners, Eurocard, Visa

HISTORISCHES HAUS AUS DEM JAHRE: 1250, ein Renaissance- Giebelhaus.

BESCHREIBUNG DES HAUSES: im ehemaligen Kaufmannsviertel, in einem historischen Giebelhaus aus Backstein, befindet sich eines der schönsten Restaurants von Norddeutschland, benannt nach dem betuchten Bäckermeister Schabbel. Er vermachte der Stadt eine beträchtliche Summe mit der Auflage, ein Museum für lübsche Wohnkultur einzurichten, verbunden mit einem Weinlokal. Nach der Zerstörung im 2. Weltkrieg hat die Lübecker Kaufmannschaft dafür gesorgt, daß wieder ein neues Schabbelhaus stilecht, teilweise mit Leihgaben aus den Lübecker Museen, entstehen konnte. Man begegnet hier hauptsächlich Barock und Rokoko. Imponierend ist die hallenartige Diele mit ihrer Balkendecke, dem Windentau, das einst die Waren hochhievte, und den wuchtigen Schränken, den sog. Schapps.

Über ein schmales Treppchen gelangt man in Schabbels "Gute Stube", eingerichtet mit Möbeln des 19.Jh. Beachten Sie die Stuckdecken und die Bildtapeten des Flügelzimmers, die noch auf alten Druckstöcken hergestellt worden sind. Im Sommer sitzt man draußen und blickt auf ein schönes Ensemble von lübschen Giebelhäusern.

SPEIS UND TRANK: neben der traditionellen lübschen Küche wie Krebssuppe oder Holsteiner Ente, hat man sich hier der gehobenen internationalen Küche angepaßt. Die Karte bietet z.B.: Parfait von der Tomate an Buttermilch-Basilikumsauce DM 16,-; Carpaccio vom Kalb mit Rucolasalat DM 24,50; Schleifen von der Seezunge mit Büsumer Krabben in Kerbelsauce, Zuckerschoten und Canada-Patna-Reis DM 42,50; In Rotspon pochierte Ochsenlende auf Schalottenconfit mit Bohnengemüse und Grießplätzchen DM 45,50; aber auch "Klassiker" wie Rinderroulade "bürgerlich" mit Kartoffelpüree DM 27,50; oder Labskaus mit Spiegelei und saurer Beilage DM 23,-. Dessertspezialität ist natürlich - wie in den "Buddenbrocks" von Thomas Mann - der Plettenpudding: eine schichtweise Köstlichkeit aus Makronen, Himbeeren, Biskuits und Eiercreme DM 11,50.

WARME KÜCHE: 12.00 - 14.00 und 18.30 - 22.00 Uhr
PLÄTZE IM RESTAURANT: 200 in 6 Räumen
GARTEN / VERANDA - PLÄTZE: 50
LEITUNG DES HAUSES: H. Mahnkopf
RUHETAGE: Sonntag

BETRIEBSFERIEN: keine
ÖFFNUNGSZEITEN
-IM RESTAURANT: 12.00 - 15.00 und 18.00 - 24.00 Uhr

BEMERKENSWERTES: sollten Sie im "Schabbelhaus" keinen Platz bekommen, können Sie jetzt auch im unter gleicher Regie stehenden benachbarte "Kontor" speisen (preiswerte Karte mit kleinen Bistro-Gerichten, Schoppenweine, Pils vom Faß. Tel.: 0451/72011).Oder Sie machen einen kleinen Spaziergang in die nicht weit entfernte Beckergrube 71, zum Restaurant "Wullenwever" (Tel.: 0451/704333), das in einem Patrizierhaus aus dem 16. Jh. gelegen ist (leichte und feine Küche).
Nur 200 m vom Schabbelhaus entfernt befindet sich die Marienkirche, die als der wichtigste Kirchenbau der Backsteingotik gilt.
Da Lübeck überreich an kunsthistorischen Gebäuden ist, sollte man die Stadt mit einem guten Plan zu Fuß erforschen

GASTHOF ZUM FALKEN
HERRNSTR. 27
97350 MAINBERNHEIM
TELEFON: 09323 / 223
TELEFAX: 09323 / 5009

ANREISE: BAB 3 Würzburg - Nürnberg, kurz hinter Würzburg Abfahrt Kitzingen nach Kitzingen, von dort in Richtung Iphofen oder BAB 7 in Richtung Ulm hinter Würzburg Abfahrt Biebelried / Kitzingen, dann nach Kitzingen, dann wie zuvor.
ENTFERNUNG NACH: Kitzingen 5 km, Würzburg 20 km, Nürnberg 75 km.
KREDITKARTEN: keine

HISTORISCHES HAUS AUS DEM JAHRE: 1849
BESCHREIBUNG DES HAUSES: dies alt-fränkische Gasthaus ist seit vier Generationen im Familienbesitz. Schon das Äußere mit dem alten Schriftzug "Gasthof Zum Falken" und dem im Brauerstern sitzenden Wappentier, wirkt einladend. Beim Betreten der stets gut besuchten Gaststuben (schon manches Mal mußten wir umkehren, weil die Plätze andere Genießer eingenommen hatten) spürt man gleich: ein sympathischer Gasthof, ohne Künstlichkeit, ohne unnötige Verzierungen und Schnörkel. Ausgesprochen gemütlich ist der vordere Raum mit den Blumensträußen, den Rehgeweihen, den eng stehenden Tischen mit bunten Decken, an denen ständig eine angenehme, ausgelassene Stimmung herrscht.

SPEIS UND TRANK: hier erwartet Sie die traditionelle fränkische Küche mit ehrlicher Hausmannskost: Hausgemachte fränkische Mostsuppe mit Croutons DM 6,80; Fränkischer Sauerbraten in kräftiger, mit Lebkuchen verfeinerter Soße, Kloß und Salat DM 17,50; Zwiebelfleisch: in der Pfanne abgebräuntes Rindfleisch, dazu Salzkartoffeln und Wirsinggemüse DM 17,80; frisch gebratenes Schweineschäufele, Kloß und Salat DM 17,20; oder etwas Süßes: hausgemachte fränkische Weincreme vom Silvaner DM 5,80. Im September und Oktober gibt es Gerichte mit frischen Waldpilzen aus dem Steigerwald, vom 11.11. an bis Weihnachten fränkische Gänse.

Die ausgezeichneten Weine dieser Gegend sind ungeschönt und süffig.

WARME KÜCHE: 11.00 - 14.00 und 17.30 - 21.00 Uhr
PLÄTZE IM RESTAURANT: 48; im historischen Saal 40-80
GARTEN / VERANDA - PLÄTZE: 25
LEITUNG DES HAUSES: Greta und Christine Jaeger

RUHETAGE
-IM RESTAURANT: Dienstag
-IM HOTEL: keiner
BETRIEBSFERIEN: 15.03. - 31.03. und 01.09. - 15.09
ÖFFNUNGSZEITEN
-IM RESTAURANT: 11.00 - 15.00 und ab 17.30 Uhr
ANZAHL DER ZIMMER: 9 DZ; 5 EZ
ZIMMERPREISE: EZ: DM 34,- / 60,-; DZ: DM 60,- / 95,-

WAS MAN UNTERNEHMEN KANN
-IN DER UMGEBUNG: Tennis, Schwimmen, Wandern im Steigerwald (die Gastgeberinnen stellen gerne Touren zusammen); Fahrradverleih, Golfplatz 10 km.
Von Mai bis Oktober finden in den alten Städtchen in der Umgebung immer wieder Weinfeste statt, bei denen es sich gut schöppeln läßt.

BEMERKENSWERTES: schauen Sie sich das Städtchen mit der Stadtkirche und dem Rathaus an.
Im nahegelegenen Kitzingen gibt es die Weinkellerei Wilhelm Meuschel jun. (Tel.: 09321/4378), Friedrich-Ebert-Straße 17, die gute und trockene Weine zum Verkauf anbietet, u.a. wunderbare Rotweine.

HOTEL LÖWEN
MARKTSTR. 8
97340 MARKTBREIT
TELEFON: 09332 / 3085
TELEFAX: 09332 / 9438

ANREISE: BAB Ulm - Kassel, Ausfahrt Marktbreit
ENTFERNUNG NACH: Würzburg 25 km
KREDITKARTEN: Amex, Diners, Eurocard, Visa

HISTORISCHES HAUS AUS DEM JAHRE: ca.1450
BESCHREIBUNG DES HAUSES: das einst als Fürstenherberge gegründete wunderschöne Fachwerkhaus gilt als zweitältestes Gasthaus Bayerns. Soldaten, Landsknechte und Offiziere zechen hier nun nicht mehr, es kehrt auch kein König wie ehedem Ludwig I. mehr ein, aber die Gastlichkeit und Behaglichkeit von damals sind geblieben.
Die 300 Jahre alten "Weinstuben" sind mit dunklem Holz getäfelt, und natürlich fehlt auch der Kachelofen nicht. Besonders schön ist der Treppenaufgang zum 1. Stock, in dem das prächtige "Fürstenzimmer" liegt. In diesem soliden, traditionsreichen Haus herrscht ein auffallend gute Atmosphäre.
SPEIS UND TRANK: Pfannkuchen, gefüllt mit Blattspinat und mit Camembert überbacken DM 8,80; "blauer Zipfel" in fränkischem Wurzelsud mit Brot und Zwetschgenschnaps DM 8,80; Fränkischer Sauerbraten mit rohen Kartoffelklößen und gemischtem Salat DM 14,50; Saisonspezialitäten, z.B.

Spargel mit verschiedenen Beilagen, neuen Kartoffeln, flüssiger Butter oder Holländischer Sauce zwischen DM 18,- und DM 27,-; fränkischer Pfannkuchen, gefüllt mit Zwetschgenmus und Sahne DM 5,50.
Weine: 50 verschiedene Bocksbeutel, ca. 25 verschiedene Schoppenweine aus der Gegend.

WARME KÜCHE: 11.30 - 14.00 und 18.00 - 22.00 Uhr
PLÄTZE IM RESTAURANT: 100
GARTEN / VERANDA - PLÄTZE: 30
LEITUNG DES HAUSES: Familie König
RUHETAGE: keine
BETRIEBSFERIEN: keine
ÖFFNUNGSZEITEN
-IM RESTAURANT: 10.00 - 24.00 Uhr
ANZAHL DER ZIMMER: 26 DZ, auf Wunsch auch als EZ
ZIMMERPREISE: DZ: DM 105,- / 120,-; EZ: DM 55,- / 70,-

WAS MAN UNTERNEHMEN KANN
-IN DER UMGEBUNG: Tennis, Boot, Angeln, Wandern

BEMERKENSWERTES: malerisches Städtchen mit fast ganz erhaltener Stadtmauer, einem riesigen alten Kran (1773), dem um 1580 entstandenen Schloß und dem gewaltigen Rathaus (16.Jh.). Im neu eröffneten "Museum im Malerwinkelhaus" ständig wechselnde Ausstellungen. In Sommerhausen gibt es das kleinste Theater Deutschlands, das "Torturmtheater."

SCHLOSSWIRTSCHAFT MAXLRAIN
83140 MAXLRAIN
TELEPHON: 08061 / 8342
TELEFAX: 08061 / 6857

ANREISE: BAB München-Salzburg, Ausfahrt Bad Aibling; über Ebersberg nach Maxlrain.
ENTFERNUNG NACH: München 55 km
KREDITKARTEN: keine

HISTORISCHES HAUS AUS DEM JAHRE: 1760
BESCHREIBUNG DES HAUSES: Schloß Maxlrain ist eines der wenigen Renaissanceschlösser in Bayern. Die kleine, bescheidene Schloßwirtschaft gleich nebenan ist 400 Jahre alt. Draußen ein idyllischer Biergarten mit alten Kastanienbäumen, drinnen eine typisch bayerische einfache Gaststube, sehr schlicht, aber gemütlich.

SPEIS UND TRANK: bayerische Hausmannskost z.B. Krautwickel mit Kartoffeln und Salat DM 12,80; Schweinsbraten mit Kartoffelknödel und Salat DM 14,80; Ochsenfleisch gekocht mit Kartoffeln, frisch geriebenem Meerettich und Salat DM 16,80.
Eigene Biere aus der Schloßbrauerei Maxlrain.
WARME KÜCHE: 11.30 - 14.00 und 17.30 - 21 Uhr
PLÄTZE IM RESTAURANT: 50
GARTEN / VERANDA - PLÄTZE: ca. 40 im Biergarten
LEITUNG DES HAUSES: Hubert Impler

RUHETAGE: Montag nachmittag und Dienstag
BETRIEBSFERIEN: 14 Tage Anfang September und 14 Tage zwischen Weihnachten und Neujahr.
ÖFFNUNGSZEITEN: durchgehend
ANZAHL DER ZIMMER: 2 DZ
ZIMMERPREISE: pro Person DM 30,- (einfache Zimmer)

WAS MAN UNTERNEHMEN KANN
-IN DER UMGEBUNG: 9 und 18 Loch-Golfplatz
BEMERKENSWERTES: im Schloß Maxlrain, einem Renaissance-Bau aus der 2. Hälfte des 16. Jh.mit Anbauten aus dem 19. Jh., wird heute ein gutes Bier gebraut.
Wer sich für Architekturgeschichte interessiert, wird sich vielleicht im 6 km entfernten Tuntenhausen die Pfarr- und Wallfahrtskirche Mariae Himmelfahrt ansehen, ein Bauwerk aus dem frühen 17. Jh., an dem man den Übergang von der Spätgotik zur Renaissance studieren kann.

WINZERSTUBE ZUM BECHER
HÖLLGASSE 4
88709 MEERSBURG
TELEFON: 07532 / 9009
TELEFAX: 07532 / 1699

ANREISE: Meersburg liegt am Bodensee, an der B 31 zwischen Lindau und Überlingen.
ENTFERNUNG NACH: Lindau 40 km
KREDITKARTEN: Amex, Visa, Diners

HISTORISCHES HAUS AUS DEM JAHRE: 1610
BESCHREIBUNG DES HAUSES: das älteste Weinhaus am deutschen Teil des Bodensees ist schon äußerlich einladend: vom Frühjahr an nahezu vollkommen mit Wein bewachsen und mit Blumenkästen geschmückt. Wer das Wirtshauszeichen mit der üppigen blauen Traube gesehen hat, wird in diese ausgesprochen heimelige und - insbesondere außerhalb der Touristensaison- angenehme, echte historische Weinstube gerne einkehren. Ein Ahnherr der Familie Benz eröffnete 1887 die einstige Trinkstube wieder. Das Inventar stammt teilweise noch aus dieser Zeit. Früher diente die Winzerstube ausschließlich als Vereinslokal für den Meersburger Winzerverein und erst später, bedingt durch den Fremdenverkehr, entwickelte sich dann das noch heute urgemütliche Wein- und Speiselokal. In die Fenster der Gasträume sind alte Ahnen-Wappen eingelassen. Eines davon zeigt die Dichterin Annette v. Droste-Hülshoff(1797-1848), die ihre letzten

Lebensjahre in Meersburg verbrachte und heute dem Besucher - durchaus wohlwollend - ins Weinglas zu schauen scheint. In den drei ineinandergehenden, dunkel getäfelten, teilweise rebenumflorten Gaststuben mit Bauernmöbeln und Kachelofen, läßt es sich lange sitzen.

SPEIS UND TRANK: die Spezialität ist frischer Bodenseefisch z.B. Bodensee-Felchenfilet in Mandelbutter gebraten mit Kartoffeln und Blattsalaten DM 31,80; Zanderfiltes in Senfschaum mit grünen Nudeln, Salat DM 37,80; Gefüllte Poulardenbrust mit Pfifferlingen, Rösti und Salaten DM 34,80. Zwei 3-gängige Menüs für DM 38,- und DM 51,-, das letztere enthält z.B.: Mousse von geräucherter Lachsforelle in Rieslinggelee; Lammfilet mit Estragonjus, Brokkoli, Brandteigkrapfen; Avocadoparfait mit Cassismark.
Gute Auswahl an badischen Weinen.
WARME KÜCHE: 12.00 - 14.00 und 18.00 - 22.00 Uhr
PLÄTZE IM RESTAURANT: 90
GARTEN / VERANDA - PLÄTZE: 16
LEITUNG DES HAUSES: Michael und Christel Benz

RUHETAGE: Montag und Dienstag Mittag
BETRIEBSFERIEN: Mitte Dezember bis Mitte Januar
ÖFFNUNGSZEITEN
-IM RESTAURANT: 11.00 - 14.00 und 18.00 - 24 .00 Uhr
ANZAHL DER ZIMMER: Übernachtungsmöglichkeit in den Weinbergen: "Hotel Becher Garni"; außerdem im "Hotel Bären" oder "Zum Löwen" in Meersburg.

BEMERKENSWERTES: schauen Sie sich die Ober- und Unterstadt von Meersburg mit vielen alten Gebäuden (Klosterhöfe und Patrizierhäuser) und Fachwerkhäusern aus dem 16. und 17. Jh., die zahlreichen Barockbauten wie z.B. das neue Schloß (nach Plänen von Balthasar Neumann aus- und umgebaut) oder das nahegelegene barocke Kleinod Kloster Birnau an.

HOTEL FEILER
OBERER MARKT 4
91346 MUGGENDORF/WIESENTHAL
TELEFON: 09196 / 322
TELEFAX: 09196 / 362

ANREISE: BAB 73 von Nürnberg nach Bamberg bis Forchheim-Süd und von dort weiter auf der B 470 nach Muggendorf oder auf der BAB 9 Nürnberg-Bayreuth, Abfahrt Pegnitz-Grafenwöhr und von dort auf der B 470 nach Muggendorf
ENTFERNUNG NACH: Bamberg 70 km , Erlangen 50 km, Nürnberg 70 km
KREDITKARTEN: Amex, Diners, Visa

HISTORISCHES HAUS AUS DEM JAHRE: 1895, seit diesem Jahre Gasthaus im Familienbesitz.
BESCHREIBUNG DES HAUSES: ein liebenswürdiges, ehrliches Frankengasthaus inmitten der wildromantischen Landschaft der Fränkischen Schweiz. Die gemütliche Pendeluhr im Eingangsbereich, das Bauernsofa und die tiefen Türrahmen setzen einen familiären Rahmen. Dieser setzt sich dann in der für uns schönsten und urigsten Gasttube unmittelbar neben dem Eingang fort. Die tiefe Balkendecke, die grünen Wandtäfelungen, die Hirschgeweihe, die fränkischen Weinflaschen, die Petroleumlampen - alles das wirkt bodenständig ohne unnötigen Schnörkel. Die neuen Teile des Hauses haben etwas sehr Verspieltes. Als Resümee kann man sagen, eine angenehme, anheimelnde Einkehrstätte.

SPEIS UND TRANK: der Gastgeber erklärte uns, es werde in seinem Hause eine neue deutsche Küche mit starkem regionalen Einschlag angeboten. Empfehlenswert fanden wir: Kartoffelrahmsuppe mit Pilzen DM 12,50; Rehmedaillons mit Maispfannküchlein, Brokkoli, Preiselbeeren DM 45,50; aber auch Vegetarisches wie: Heimische Pilze mit buntem Gemüse, hausgemachtem Tofu und Nudeln DM 28,50. Da der Gastgeber Herr Feiler ein Pilz- und Wildkäutersucher ist, werden oft handverlesene Pilze zubereitet. Er bringt von seinen Exkursionen auch die verschiedensten Beeren aus den Wäldern mit, aus denen Marmelade gemacht wird. Sehr lecker!

Es dominiert zwar der fränkische Wein - allein 30 verschiedene Schoppen werden angeboten, aber auch Weine aus Frankreich und Italien.

Am Nachmittag wird "Kaffee und Hausgebäck" gereicht.

WARME KÜCHE: 12.00 - 14.00 und 18.00 - 21.30 Uhr

PLÄTZE IM RESTAURANT: 90

GARTEN / VERANDA - PLÄTZE: ca. 30 auf einer hinreißenden Dachterasse mit lichtem Keitumer Gartenmobiliar inmitten verschwenderisch wuchernder Pflanzen und Blumen.

LEITUNG DES HAUSES: Horst Feiler

RUHETAGE: von November bis April nur Freitag, Samstag und Sonntag geöffnet

BETRIEBSFERIEN: keine (s.o.)

ÖFFNUNGSZEITEN

-IM RESTAURANT: 12.00 - 14.00 und ab 18.00 Uhr

ANZAHL DER ZIMMER: 14 DZ; 1 EZ (mit allem Komfort wie u.a. auch Whirlpool)
ZIMMERPREISE: EZ: DM 120,- / 150,- ; DZ: DM 130,-/150,-; Appartements: DM 240,-, Suiten DM 330,-
Fragen Sie nach Sonderarrangements.

WAS MAN UNTERNEHMEN KANN
-IM HAUS: der Hausherr besitzt in der Nähe des Hauses ein Freibad, das auch Hotelgäste benutzen dürfen !
-IN DER NÄHE: Golf, Angeln in der Wiesent; Tennis, Reiten, Wildwasserfahrten; im Winter Skilanglauf.

BEMERKENSWERTES: diese Region ist reich an besuchenswerten Plätzen, Kirchen oder Städten. z.B. ganz in der Nähe in Gößweinstein die barocke Basilika von Balthasar Neumann.
Fragen Sie beim Verkehrsamt Muggendorf (Tel.: 09196 / 335) nach ausführlichen Informationen. Muggendorf eignet sich auch als Ausgangsort zum Besuch der Festspiele in Bayreuth (Juli/August).

GASTHOF OCHSEN
79379 MÜLLHEIM/FELDBERG
TELEFON: 07631 / 3503

ANREISE: BAB Freiburg-Basel, Ausfahrt Müllheim/Neuenburg, über Müllheim nach Feldberg.
ENTFERNUNG NACH: Freiburg 33 km, Basel 38 km
KREDITKARTEN: keine

HISTORISCHES HAUS AUS DEM JAHRE: 1663
BESCHREIBUNG DES HAUSES: schon das schmiedeeiserne Wirtshausschild des "Ochsen" ist ein eindrucksvoller Blickfang. Manche Gäste kommen extra aus der Schweiz, um in diesem Hause einzukehren.
Der "Ochsen" hat etwas Schlichtes, Bescheidenes und vielleicht gerade deshalb so Wohltuendes. Fast 300 Jahre ist dieses im Sommer mit Geranien geschmückte Haus im Familienbesitz. Persönlich und herzlich ist die ganze Stimmung in der sympathischen rustikalen Weinstube mit dem grünen Kachelofen. So es die Zeit zuläßt, setzen sich die Herr oder Frau Eglin auch mal zum Plaudern zu den Gästen an den Tisch. So etwas spricht sich schnell herum. Wer es ruhig und echt mag, der ist im "Ochsen" mit seinen drei Gasträumen bestens aufgehoben. Ein großer Garten mit üppiger Vegetation ergänzt das behagliche Innere des Hauses.
Ein Markgräfler Gasthof, in den man immer wieder gerne zurückkommt.

SPEIS UND TRANK: Gutbürgerliche Küche der Region: z.B.: Löwenzahnsalat mit frischen Brotkrusteln und Streifen von frischer Kalbsleber DM 18,-; Ententerrine mit Preiselbeersahne, Butter und Toast DM 22,80; 1/2 Dutzend Weinbergschnecken mit Weißbrot DM 11,-; frisch gebratenes Perlhuhnbrüstchen in Zitronensoße mit Butternudeln und Salat DM 28,50. Wildhasenrückenfilet in Rotweinsoße, heiße Preiselbeerebirne, Kartoffelkroketten und Rotkohl DM 28,50. Vier verschiedene Menüs mit jeweils 3 Gängen von DM 22,50 bis DM 38,-.

Neben dem Wein aus eigenem Anbau noch andere gute Weine aus dem Markgräfler Land. Vielleicht bekommen Sie vom Hausherren ein selbstgebrannten Obstschnaps angeboten - er ist ein Genuß!

WARME KÜCHE: 12.00 - 14.00 und 18.00 - 21.00 Uhr
PLÄTZE IM RESTAURANT: 70
GARTEN / VERANDA - PLÄTZE: 70
LEITUNG DES HAUSES: Familie Eglin-Adam
RUHETAGE: Donnerstag; Freitag bis 17.00 Uhr
BETRIEBSFERIEN: Anfang Januar bis Februar; eine Woche im Juli.
ÖFFNUNGSZEITEN
-IM RESTAURANT: 9.00 - 24.00 Uhr
ANZAHL DER ZIMMER: 6 DZ, 1 EZ, 1 Appartement
ZIMMERPREISE: DZ: DM 48,- / 54,- ; EZ: DM 28,-
App.: DM 120,- (4 Pers.)

BEMERKENSWERTES: bevor Sie auf Besichtigungstour gehen: kaufen Sie bei der Familie Eglin ein paar Flaschen des besonders schmackhaften hiesigen Weines. Ansonsten im Ort auch das Weingut Hermann Dörflinger, das gute Tropfen zum Verkauf anbietet.
In Müllheim lohnt ein Besuch der Kirche St. Martin mit den Fresken der Darstellung des jüngsten Gerichts. Von April bis Oktober geöffnet ist das Markgräfler Wein- und Heimatmuseum. Im Stadtteil Niederweiler können Sie einen Kräutergarten besuchen und auf dem Rebwanderweg im ca. 6 km entfernten Britzingen Wissenswertes über Weinbau und Rebsorten erfahren.

Das nahegelegene Badenweiler ist idealer Ausgangspunkt für Fahrradtouren ins Markgräflerland und ins Elsaß. Die Radtouren führen nach einem Programm der Kurverwaltung Badenweiler (Postfach 280, 7847 Badenweiler, Tel.: 07632 / 72110) zu historischen Städten und Kirchen und enden - was wir sympathisch finden- mit einer Einkehr in einem für die Gegend typischen Gasthaus.

DAVERT JAGDHAUS
WIEMANNSTRASSE 4
48163 MÜNSTER-AMELSBÜREN
TELEFON: 02501 / 58058

ANREISE: BAB Osnabrück-Münster; Ausfahrt Münster-Süd auf der U 85/U 83 in Richtung Hiltrup nach Amelsbühren. Direkt am Kirchplatz von Amelsbühren gelegen.

ENTFERNUNG NACH: Münster 15 km
KREDITKARTEN: Amex, Diners, Eurocard, Visa

HISTORISCHES HAUS AUS DEM JAHRE: ca.1800
BESCHREIBUNG DES HAUSES: Westfälisches Gasthaus mit bäuerlichen Stilelementen. Ins Auge fällt der schöne Kupfertresen, der mit Delfter Kacheln besetzt ist. Die Gastgeberin Frau Hinterding hat die Räume liebevoll mit Stücken aus ihrer persönlichen Sammlung von Porzellan und Antiquitäten dekoriert. Der vordere Gastraum ist der schönere, alte Teil, die beiden hinteren Räume sind eher konservativ-gediegen eingerichtet. Üppiger Restaurantgarten.

SPEIS UND TRANK: leichte regionale Küche; z.B.: Steinbutt mit Kartoffelkruste in Thymiansauce mit Gemüsen DM 46,-; in der Saison: Frischer Spargel aus dem Münsterland mit gemischtem westfälischem Schinken DM 40,-; Kleines dreigängiges Menü: Warmer Salat von Zander auf Linsen; Poulardenbrust mit Morcheln; Garnierter Erdbeersalat DM 60,-.
Ca. 250 Weine aus allen deutschen Anbaugebieten.

WARME KÜCHE: 12.00 - 14.00 und 18.00 - 21.30 Uhr
PLÄTZE IM RESTAURANT: ca. 80 in 3 Räumen
GARTEN / VERANDA - PLÄTZE: 40
LEITUNG DES HAUSES: Familie Hinterding
RUHETAGE: Montag und Dienstag
BETRIEBSFERIEN: • Wochen in den Sommerschulferien, Weihnachten.
ÖFFNUNGSZEITEN
-IM RESTAURANT: 12.00 - 15.00 und 18.00 - 23.00 Uhr
ANZAHL DER ZIMMER: 2
ZIMMERPREISE: DM 110,-

WAS MAN UNTERNEHMEN KANN
-IN DER UMGEBUNG: das Verkehrsamt von Münster informiert über das große kulturelle Angebot der Stadt. Man kann von hier aus auch vorbereitete Fahrrad-Wandertouren, sog. Pättkestouren, unternehmen.

BEMERKENSWERTES: gegenüber befindet sich die spätgotische Hallenkirche St. Sebastian aus der 2. Hälfte des 15.Jh. mit Taufstein aus dem Bauernbarock.

HOF ZUR LINDE
HANDORFER WERSEUFER 1
48157 MÜNSTER-HANDORF
TELEFON: 0251 / 32750
TELEFAX: 0251 /328209

ANREISE: BAB Bremen-Münster; Ausfahrt Greven, Richtung Münster, an der 1. Ampel nach links in Richtung Handorf; kurz hinter dem Dorfeingangschild links in den Wald.
ENTFERNUNG NACH: Münster 6 km
KREDITKARTEN: Amex, Diners, Eurocard, Visa

HISTORISCHES HAUS AUS DEM JAHRE: 1648
BESCHREIBUNG DES HAUSES: unter mächtigen Linden, nahe am Fluß, liegt der 300jährige Bauernhof mit den schweren dunklen Fachwerkbalken. Am Mauerwerk des Torhauses steht noch die alte Inschrift "Kutscherstube", hier hielten in vergangenen Zeiten Postkutschen und Reiter. Durch die große Holztür mit den schmiedeeisernen Angeln betritt man die verschiedenen Gaststuben, die in westfälischem Stil eingerichtet sind. Die indirekte Beleuchtung hinter der Holzvertäfelung gibt warmes Licht.
Im Herdfeuerraum - dem unseres Erachtens nach schönsten und ursprünglichsten Raum - prasselt ein offenes Feuer im Kamin, unter den rauchschwarzen Eichenbalken hängen die Schinken, und im Jagdzimmer kann man handgeschnitzte Schränke bewundern. Die Hotelzimmer sind sehr gut ausgestattet,aber teilweise "modern-altdeutsch" eingerichtet.

Die großzügige Gartenanlage mit dem ehemaligen Ziehbrunnen ist an warmen Tagen ein angenehmer Ort zum Verweilen.

SPEIS UND TRANK: neue deutsche Küche der westfälischen Art, von Hausmannskost bis zur Nouvelle Cuisine. Wir mochten: Kalbsleberscheiben in Butter sautiert an Grenadinesauce mit Erbsen und Selleriepüree, Suzettekartoffeln DM 31,-; weiterhin fiel uns das 4-gängige vegetarische Menü DM 44,- und das 4-gängige westfälische Menü DM 58,- auf.

Sehr umfangreiche Weinkarte. Erfreulich viel Erzeugerabfüllungen.

WARME KÜCHE: 12.00 - 14.30 und 18.00 - 22.00 Uhr
PLÄTZE IM RESTAURANT: 80
GARTEN / VERANDA - PLÄTZE: 48
LEITUNG DES HAUSES: Otto Löfken
RUHETAGE: keine
BETRIEBSFERIEN: keine
ÖFFNUNGSZEITEN
-IM RESTAURANT: 12.00 - 24.00 Uhr, danach Hotelbar
ANZAHL DER ZIMMER: 44 DZ; 5 EZ
ZIMMERPREISE: DZ: DM 175,- / 320,- ; EZ: DM 130,-/ 200,-

WAS MAN UNTERNEHMEN KANN
-IN DER UMGEBUNG: Tennis, Reiten, Golf, Schwimmen
BEMERKENSWERTES: neben dem Dom zahlreiche kunsthistorische Sehenswürdigkeiten aus der Zeit der Gotik und Renaissance; besonders erwähnenswert der Erbdrostenhof, der als einer der schönsten Barockbauwerke der Stadt gilt.

RESTAURANT HOTEL SCHLOSS WILKINGHEGE
STEINFURTHER STR. 374
48159 MÜNSTER
TELEFON: 0251 / 213045 + 46
TELEFAX: 0251 / 212898

ANREISE: BAB Münster-Bremen, Abfahrt Münster-Nord, Richtung Münster-Zentrum, 2. Str. links abbiegen.
ENTFERNUNG NACH: Münster 3 km
KREDITKARTEN: Amex, Eurocard, Diners, Visa

HISTORISCHES HAUS AUS DEM JAHRE: erstmals erwähnt 1311, heutiger Zustand aus dem Jahre 1719.
BESCHREIBUNG DES HAUSES: idyllisch in dichtem Grün vor den Toren der Stadt Münster gelegen, bietet dieses Wasserschloß aus den 15. Jh. auch dem Auge Vergnügen. Über eine holländisch anmutende Klappbrücke betritt man das Anwesen, und in den "Gräften" (so heißen die Burggräben der Wasserschlösser im Münsterland) tummeln sich die Enten. Das Herrenhaus mit seinen prächtigen Stuckdecken und Kaminen ist mit großen historischen Sachverstand restauriert, allein nach den authentischen Pflastersteinen für die Auffahrt hat der Schloßherr 15 Jahre lang gesucht.

So entstand ein nobles Ambiente für zeitgenössische Cuisine und herzliche Gastlichkeit.
Der "Schloßkeller" mit seinen architektonisch interessanten, weiß getünchten Kreuzgewölben wurde mit der ebenso originellen wie funktionalen Beleuchtung und dem schwarzweißen Steinplatten-Fußbodens von einem düsteren Verlies in einen heiteren Speiseraum verwandelt, in dem man gerne verweilt.
Die komfortablen Zimmer blicken teilweise auf den ausgesprochen schön angelegten Golfplatz.

SPEIS UND TRANK: leichte, kreative Küche von internationalem Standard. Uns gefiel, daß der Gastgeber zu den Gängen der Menüs jeweils einen Wein vorschlägt, der glasweise serviert wird. Ein Gourmet-Menü: Lauwarmes Rehfilet mit frischem Pfifferling-Kräutersalat (dazu ein Glas Champagner); Seeteufel-Medaillon mit Aromaten im Reisblatt, Champagnerschaum (dazu 1990er Château de Fuissé); Sardellengespicktes Lammrückenfilet auf Basilikumjus, Ratatouille in der Zucchini (dazu 1986er Chorey-les-Beaune); Mokkamousse mit Zwetschgenkonfit, Pistazieneis (incl. Wein und Champagner DM 120,-, ohne Wein DM 90,-). Das dreigängige Fischmenü: Gelee von Romanotomaten mit Crevetten, Zuckerschotensalat (dazu 1991er Sancerre blanc); Filet von Rouget barbet auf Burgunderspinat (dazu 1991er Sancerre rosé); Kleine Dessertvariation.(incl. Wein DM 89,-, ohne Wein DM 69,-).
WARME KÜCHE: 12.00 - 14.30 und 18.00 - 22.00 Uhr

PLÄTZE IM RESTAURANT: unterschiedlich, denn der Hausherr läßt mal im "Rittersaal", mal im "Vitrinenzimmer", mal im "Salon" servieren, im Winter auch im "Schloßkeller.
TAGUNGSRÄUME: Salons und Bankettträume bis 80 Personen
GARTEN / VERANDA - PLÄTZE: keine
LEITUNG DES HAUSES: Lubert Winniken
RUHETAGE: keine
BETRIEBSFERIEN: keine
ÖFFNUNGSZEITEN
-IM RESTAURANT: 12.00 - 24.00 Uhr
-IM HOTEL: durchgehend geöffnet
ANZAHL DER ZIMMER: 12 DZ, 10 EZ, 11 Appt., 1 Maisonette (in einem Turm über dem Burggraben)
ZIMMERPREISE: DZ: DM 245,- / 260,-; EZ: DM 155,- / 180,- Appt./Maisonnette: DM 260,- / 390,-

WAS MAN UNTERNEHMEN KANN

-IM HAUS: direkt vor der Tür 18-Loch-Golfplatz und 7 Tennisplätze direkt am Haus, Fahhradverleih
-IN DER UMGEBUNG: Wetsfälische Reit- und Fahrschule. Das historisch reizvolle Zentrum der Altstadt von Münster ist nur 3 km entfernt.

BEMERKENSWERTES: im Schloßhof ein architektonische Kostbarkeit: die kleine Kapelle aus dem 19.Jh. mit achteckigem Grundriß. Hier können sich Hochzeitspaare trauen lassen und danach im Schloß stilvoll feiern.

SPIELWEG
OBERMÜNSTERTAL
79244 MÜNSTERTAL
TELEFON: 07636 / 7090
TELEFAX: 07636 / 70966

ANREISE: BAB Karlsruhe-Basel, Ausfahrt Bad Krozingen-Staufen - Münstertal, oder über die landschaftlich besonders schöne Zufahrt Freiburg - Schauinsland - Storen - Münstertal.
ENTFERNUNG NACH: Freiburg 20 km
KREDITKARTEN: Amex, Diners, Eurocard, Visa

HISTORISCHES HAUS AUS DEM JAHRE: 1705
BESCHREIBUNG DES HAUSES: in einem der malerischsten Schwarzwaldtäler mit Blick auf den Belchen gibt es schon seit 350 Jahren den berühmten "Spielweg". Seit über 125 Jahren ist er Besitz der Familie Fuchs. Abt Augustinus unterzeichnete 1705 eine Urkunde für den damaligen Wirt: "Sein Haus soll allein im Oberen Münstertal das Gemeinde-Wirtshaus und Stube sein. ...Er hat Wirtshaus und Stube stets sauber, bequem und im Winter eingeheizt zu halten." Dem historischen Schwarzwald-Gasthof wurde inzwischen eine moderne, durch eine Passage erreichbare Hotelanlage angegliedert, aber im Haupthaus in der "Stube" herrscht nach wie vor die heimeligste Atmosphäre. Sonntags nach der Kirche kommen die Einheimischen zum Stammtisch. Schon bei Eintritt in den alten Innenhof ist der Gast begeistert und

versteht, daß der "Spielweg" zu den schönsten Häusern des Schwarzwaldes zählt. Es ist ein gastronomischer Mittelpunkt geworden und hat sich viele Stammgäste erworben. Die Nebenräume unterscheiden sich von der "Stammtischstube" durch eine eher gediegene Ausstattung.

SPEIS UND TRANK: der Sohn der Familie, Küchenchef Karl-Joseph Fuchs, ist Jäger und Angler, daher seine gute Hand bei der Zubereitung von Fisch und Wild. Er hat bei den besten Köchen gelernt: entsprechend gut wird hier gekocht. Das 6-gängige Spielwegmenü DM 98,-, das Fischmenü mit 4 Gängen DM 76,-. Von der Karte: Mousse vom geräucherten Bachsaibling mit Frühlingssalat DM 21,-; Schwarzwaldforelle in Riesling mit Butterkartoffeln DM 27,-; Lammnüssle aus der Keule auf Bohnengemüse mit Ratatouille und Basilikumpolenta DM 39,-.
Sehr gute Auswahl an badischen-markgräfler Weinen von kleinen Winzern.

WARME KÜCHE: 12.00 - 14.00 und 18.30 - 21.30 Uhr
PLÄTZE IM RESTAURANT: 80
GARTEN / VERANDA - PLÄTZE: 40
LEITUNG DES HAUSES: Familie Fuchs

RUHETAGE: Montag, Dienstag
BETRIEBSFERIEN: keine
ÖFFNUNGSZEITEN
-IM RESTAURANT: 7.00 - 24.00 Uhr

ANZAHL DER ZIMMER: 41
ZIMMERPREISE: DZ: DM 190,-/380,- ; EZ: DM 140,-/160,-

WAS MAN UNTERNEHMEN KANN

-IM HAUS: Hallenbad, beheiztes Freibad mit großer Liegewiese am Bergbach, Tennis, Sauna, Solarium.
Eigenes Fischwasser mit der Möglichkeit, Forellen mit der Fliege zu fischen. Für Radwanderungen können Tourenräder und Mountain Bikes ausgeliehen werden.
-IN DER UMGEBUNG: Radfahren, zwei Golfplätze in ca. 30 min. Entfernung, Ski laufen (Alpin, Langlauf). Wandern in den Weinbergen mit bestellten Weinproben, es werden vom Haus auch geführte Touren für kleine Gruppen mit Picknick oder "Hüttenzauber" organisiert.

BEMERKENSWERTES: fahren Sie zu dem ganz in der Nähe gelegenen Kloster St. Trudpert mit seiner schönen Barockkirche oder machen Sie gleich eine ganze Barock-Rundfahrt über St. Trudpert, Kirchhofen, St. Ulrich, St. Peter mit seiner eindrucksvollen, 1750 ausgebauten Bibliothek und St. Märgen.
Da das gesamte Münstertal im Sommer wie im Winter Abwechslungsreiches bietet (z.B. der Besuch einer Markgräfler Weinkellerei mit fachmännischer Weinprobe und Beratung), sollte man sich Auskünfte über die Kurverwaltung in Münstertal, Tel: 07636 / 660 oder 613, einholen.

ZUM AMBTMANN
HIRSCHGASSE 1
69239 NECKARSTEINACH
TELEFON: 06229 / 2115

ANREISE: BAB 3 Frankfurt - Heidelberg, von dort am Neckar entlang (schön, aber meist verkehrsreich) auf die Uferstraße B 37 in Richtung Eberbach.
ENTFERNUNG NACH: Eberbach 17 km, Heidelberg 14 km
KREDITKARTEN: Amex, Eurocard, Visa

HISTORISCHES HAUS AUS DEM JAHRE: 1587
BESCHREIBUNG DES HAUSES: ein unprätentiöses, angenehmes Haus im Zentrum von Neckarsteinach. Fachwerk prägt das Bild außen und innen. Nachdem man die schmale, steile Treppe hinaufgeklettert ist, gelangt man zu vier kleinen Gasträumen, in denen Holz das bestimmende Material ist. Besonders stimmungsvoll ist das winzige Erkerzimmer, in dem die niedrige Decke und der knarrende Holzfußboden eine intime Atmosphäre schaffen. Trockenblumen, bäuerliche Requisiten und zusammengetragenes Antikes sind weitere Bestandteile der liebenswerten, ein bißchen verspielten Gasträume.

SPEIS UND TRANK: regionale Küche mit Frischprodukten. Versuchen Sie den hausgebeizten Graved-Lachs mit Dilltunke DM 15,-; gebratene Schweinelende gefüllt mit Speck und Blattspinat, Berner Soße, wilder Reis DM 36,-; Filet vom

Wildwasserlachs mit Riesengarnelenschwänzen in leichter Champagnersoße mit rosé Kaviar und Kräutern, wilder Reis DM 39,50.

PLÄTZE IM RESTAURANT: 40
GARTEN / VERANDA - PLÄTZE: nein
LEITUNG DES HAUSES: Familie Bock
RUHETAG IM RESTAURANT: Dienstag
BETRIEBSFERIEN: bitte erfragen
ÖFFNUNGSZEITEN: 18.00 - 1.00 Uhr, Sonntag 12.00 - 15.00 und 18.00 - 1.00 Uhr
ANZAHL DER ZIMMER: keine.

BEMERKENSWERTES: besuchen Sie im Ort die evangelische Kirche aus der Spätgotik.
Von Heidelberg aus führt, immer am Neckar entlang, die Burgenstraße. Wenn Sie es ganz geruhsam haben möchten, schauen Sie sich die Burgen und Schlösser auf dieser Route, z.B. auf dem Abschnitt zwischen Heidelberg und Mosbach, vom Schiff aus an.

GUTSGASTHOF ZUM KLOSTERBRÄU
KIRCHPLATZ 1
86633 NEUBURG A.D. DONAU
TELEFON: 08431 / 3078
TELEFAX: 08431 / 41120

ANREISE: BAB 9 München-Nürnberg Ausfahrt Ingolstadt, hinter Ingolstadt die B16 Richtung Neuburg, vor Neuburg rechts ab auf dem Weg Richtung Nassenfels.
ENTFERNUNG NACH: Neuburg 8 km, Ingolstadt 28 km, München 100 km, Augsburg 65 km
KREDITKARTEN: keine

HISTORISCHES HAUS AUS DEM JAHRE: 1624
BESCHREIBUNG DES HAUSES: ein besonders schönes Haus, dieser alt-bayerische Gutsgasthof, der zu diesem traditionsreichen Ort paßt. Jeder der vier Gasträume vermittelt Harmonie und Wärme durch die behutsam aufeinander abgestimmte Möblierung: z.B. das "Biedermeier - Zimmer" oder der parkettierte Festsaal, der eine feierliche Stimmung ausstrahlt. Im "Bräustüberl" befindet sich ein alter Kachelofen und eine an der gesamten Wand des Raumes entlanglaufende Holzbank.

SPEIS UND TRANK: frische Forellen und Karpfen, Wildgerichte, Schmankerl-Küche. Baringer Forellenrahmsuppe DM 5,80; Baringer Gutsherrnpfandl mit feinem Gemüse und hausgemachten Spätzle DM 21.90; 1/4 bayrische Bauernente

mit Kartoffelknödel und Blaukraut DM 17,60; Hirschschlegel in feiner Sauerrahmsauce, hausgemachte Spätzle und Preiselbeeren DM 21,40; aus eigenem Weiher und Bassin: z.B. Forelle "blau" im Wurzelsud mit zerlassener Butter, Salzkartoffeln und Salatteller DM 16,70.

WARME KÜCHE: 11.30 - 14.00 und 17.30 - 21.00 Uhr
PLÄTZE IM RESTAURANT: 200 in 4 Räumen
GARTEN/VERANDA - PLÄTZE: 50 ; ruhige Gartenterasse
LEITUNG DES HAUSES: Antonie und Otto Böhm
RUHETAGE
- IM RESTAURANT: Sonntagabend und Montag
- IM HOTEL: keine

BETRIEBSFERIEN: bitte erfragen, wechseln
ÖFFNUNGSZEITEN: 10.00 - 24.00 Uhr
ANZAHL DER ZIMMER: 18 DZ; 9 EZ
ZIMMERPREISE: DZ: DM 92,-/140,- ; EZ: DM 62,-/90,-
WAS MAN UNTERNEHMEN KANN
-IM HAUS: 2 Tennisplätze im eigenen Garten
-IN DER UMGEBUNG: in Neuburg (8 km): Golf, Hallen- und Freibad, Reiten, Kutschenfahrten, Wander- und Radwanderwege im schönen Ur-Donau- (interessante Fauna und Flora) und Altmühltal. Fahrten auf der Donau in den typischen Fischerkähnen der Gegend, Zillen genannt. Alle 2 Jahre (in den ungeraden Jahren) historisches Schloßfest am letzten Wochenende im Juni und ersten Wochenende im Juli. Barockkonzerte, Sommerakademie für Kunst.
BEMERKENSWERTES: gegenüber: die Klosterkirche aus dem 12.Jh. mit Fresken und Stuck aus dem Rokoko.

SCHLOSSHOTEL NEUFAHRN
SCHLOSSWEG 2
84088 NEUFAHRN / NIEDERBAYERN
TELEFON: 08773 / 7090
TELEFAX: 08773 / 1559

ANREISE: auf der B 15 von Regensburg in Richtung Landshut, oder A92 München Deggendorf, Abfahrt Landshut-Nord in Richtung Neufahrn.
ENTFERNUNG NACH: München 70 km, Landshut 20 km, Regensburg 40 km.
KREDITKARTEN: Amex, Eurocard, Diners, Visa

HISTORISCHES HAUS AUS DEM JAHRE: 1510
BESCHREIBUNG DES HAUSES: das Wasserschloß mit seinem charakteristischen Zwiebelturm bietet im wesentlichen noch das Erscheinungsbild wie in seiner Entstehungszeit, der Renaissance.
Auch die aufwendige Restaurierung im Jahre 1988 ging mit den historischen Elementen behutsam um, auch wenn der Geschmack und der Anspruch der heutigen Zeit berücksichtigt wurde. Fußböden und Täfelungen aus Granit, klassisch-modernes Mobiliar und Beleuchtung prägen den Stil im Restaurant "Mongelas", benannt nach einem der fürstlichen Vorbesitzer. Das verspielte "Goldkabinett" bildet das Entree zum prächtigen "Haunsperger Saal" mit schöner Stuckdecke. Das Restaurant "Gewölbekeller" ist mit Ölgemälden aus dem 19.Jh. und schönen alten Türblättern dekoriert.

SPEIS UND TRANK: gehobene regionale und überregionale Küche. Donauwaller im Schalotten-Portwein-Sud mit Wurzelgemüse und Salzkartoffeln DM 36,-; Entenbrust, rosa gebraten auf Johannisbeersauce mit Brezenplatzerl und Brokkoli DM 32,-; In der Saison: Abensburger Stangenspargel mit gebratener Perlhuhnbrust, Madeiraschaum und Butterkartofeln DM 37,50. Eisbisquitroulade auf Erdbeersauce mit frischen Früchten garniert DM 10,50. Bayrisch-deftiges in der "Kutscherstube". Gruppen können sich ein mittelalterliches "Ritteressen" in historischer Kulisse servieren lassen.

Schoppenweine von DM 7,50 bis 9,-. Gute Weinkarte mit Weinen aus Deutschland, Österreich und Frankreich im Preisniveau DM 32,-/89,-; aber auch Bordeaux-Raritäten für Kenner.

WARME KÜCHE: 11.00 - 14.00 und 18.00 - 22.00 Uhr

GARTEN / VERANDA - PLÄTZE: 40 im romantischen Innenhof mit Ziehbrunnen und umlaufendem Säulengang, 200 im Biergarten an der Schloßmauer mit Blick auf den Ententeich.

PLÄTZE IM RESTAURANT: 80

TAGUNGSRÄUME: Räume und moderne Tagungstechnik für Konferenzen unterschiedlichster Größe.

LEITUNG DES HAUSES: Josef Fuchs

RUHETAGE

-IN DEN RESTAURANTS: Sonntagabend

-IM HOTEL: keine

BETRIEBSFERIEN: keine

ÖFFNUNGSZEITEN
-IM HOTEL: 7.00 - 24.00 Uhr
ANZAHL DER ZIMMER: 60
ZIMMERPREISE: DZ: DM 160,- / 180,-;EZ: DM 98,- / 120,-

WAS MAN UNTERNEHMEN KANN
-IM HAUS: Fitness-Raum, Sauna, Solarium
-IN DER UMGEBUNG: Golf, Tennis, Minigolf, Schwimmhalle und Freibad in der Nähe.

BEMERKENSWERTES: Ende Mai bis Ende Juli finden - bei schönem Wetter im lauschigen Innenhof des Schlosses - festliche Kammermusik-Konzerte statt.

GASTHOF UND GUTSBETRIEB STANGL
85646 NEUFARN/EBERSBERG
TELEFON: 089 / 905010
TELEFAX: 089 / 90501363

ANREISE: Autobahnkreuz München - Ost, Autobahn BAB 94 in Richtung Passau, Ausfahrt Neufarn 4 km an der B 12.
ENTFERNUNG NACH: München 15 km
KREDITKARTEN: Amex, Diners, Eurocard, Visa

HISTORISCHES HAUS AUS DEM JAHRE: 1827, nach einem Brand im Jahre 1903 Neuaufbau.
BESCHREIBUNG DES HAUSES: dieser Gasthof, seit dem Jahre 1827 in Familienbesitz, ist ein günstig gelegener Ausgangspunkt für Fahrten nach München oder in den Süden. Zunächst erfreut die Fassade des unter Denkmalschutz stehenden "Stangl" mit seinem Erker, den Rundbogenfenstern und der klaren Symmetrie das Auge. In den alten Gasträumen, in der äußerst behaglichen "Jagdstube", der "Bauernstube" mit dem Kachelofen oder der "Zirbelstube" scheint die Zeit stehengeblieben zu sein. Zugeständnisse an die Ansprüche des heutigen Reisenden wurden mit dem modernen Anbau gemacht.

SPEIS UND TRANK: bayrische Küche, z.B. Griesnockerlsuppe DM 4,80 ; Wildragout im Tontöpferl mit Schwammerl, Semmelknödel und Preiselbeerpfirsich DM 19,80. Ganze Wachteln auf Steinpilzen, Wirsinggemüse und Mandel-

plätzchen DM 21,50; frische Reherl in Kräuterrahm mit Semmelknödel DM 24,50; Zwetschendatschi mit Schlagrahm DM 3,50. Man merkt's an der Speisekarte: hier ist eine Biergegend. Verschiedene gute Spaten-Biere.

WARME KÜCHE: 11.30 -14.00 und 18.00 -21.00 Uhr (Küche für Kleinigkeiten und Brotzeit durchgehend geöffnet)

ÖFFNUNGSZEITEN

-IM RESTAURANT: durchgehend

PLÄTZE IM RESTAURANT: 160 in 4 Räumen, zusätzlich 80 im neuen Anbau

GARTEN / VERANDA - PLÄTZE: ca. 100 im beim Rehgehege gelegenen, einladenden Biergarten unter Kastanienbäumen

LEITUNG DES HAUSES: Familie Stangl

RUHETAGE

-IM RESTAURANT: Samstag (für Veranstaltungen ab 40 Pers. geöffnet)

-IM HOTEL: keine

BETRIEBSFERIEN: keine

ANZAHL DER ZIMMER: 13 DZ; 8 EZ; 28 Zimmer mit französischem Bett

ZIMMERPREISE: DZ: DM 140,-/ 180,- ; EZ: DM 80,- / 190,-

WAS MAN UNTERNEHMEN KANN

-IM HAUS: können Fahrräder ausgeliehen werden. Am 2. Wochenende im Dezember wird im Gasthof ein alter Brauch gepflegt: "Herterstift mit Ganspaschen", ein Würfelspiel, bei dem alle anwesenden Gäste mitspielen und der Gewinner

eine Gans erhält.
-IN DER UMGEBUNG: im 2 km entfernten Anzing gibt es eine Tennishalle und Freiplätze; im 3 km entfernten Parsdorf eine Squashanlage und eine Sauna. Die Gastgeber schlagen folgende Ausflüge vor: zum Wildpark Poing (2 km), zur Western-Stadt "No name City" in Poing (2 km), zum mitten im Wald gelegenen Steinsee (15 km), wo es ein schönen Biergarten gibt, oder Wanderungen im Ebersberger Forst.

BEMERKENSWERTES: wenn Sie nicht vorhaben, München und seine Kunstschätze zu besuchen, sehen Sie sich vielleicht im nicht weit entfernten Ebersberg die ehemalige Klosterkirche St. Sebastian mit spätgotischen Kostbarkeiten an.

BURGHOTEL HARDENBERG
IM HINTERHAUS 11 A
37176 NÖRTEN - HARDENBERG
TELEFON: 05503-1047
TELEFAX: 05503-1650

ANREISE: BAB 7 Hannover-Göttingen, ca. 10 km vor Göttingen Ausfahrt Nörten-Hardenberg, Richtung Nörten-Hardenberg, das Hotel ist ab Ortseingang ausgeschildert.
ENTFERNUNG NACH: Göttingen 11 km, Northeim 11 km, Hannover 110 km
KREDITKARTEN: Amex, Eurocard, Diners, Visa

HISTORISCHES HAUS AUS DEM JAHRE: 1100
BESCHREIBUNG DES HAUSES: das "Burghotel" hat in den letzten Jahren sein Aussehen und seinen Stil merklich ins Positive verändert. Während wir die Anlage mit dem großartigen Reitturnierplatz in der waldreichen Gegend schon in der Vergangenheit als atmosphärisch gelungen empfanden, stellte das vormals eher - zurückhaltend formuliert - gediegene Innere den Geschmack des Besuchers auf eine ziemliche Toleranzprobe. Inzwischen ist das Restaurant aufwendig und angenehm renoviert worden. Der Parkettfußboden harmoniert mit den warmen rot- und grünfarbigen Wänden, das Mobiliar ist auf diese Farbkomposition abgestimmmt und verleiht zusammen mit der Beleuchtung sowie den geschmackvoll eingedeckten Tischen dem Raum Eleganz. Neben diesem eher anspruchsvollen Restaurant gibt es in-

zwischen auch noch das charmante "Mühlenrestaurant", in dem der Gast sich legerer fühlen kann: am Rande einer Wiese gelegen, modern, mit viel Glaselementen, Rattanmöbeln, Rotgranitfußböden und durch das Oberlicht von Helligkeit durchflutet.

SPEIS UND TRANK: ein Beispiel für das große 7-gängige Menü von der Speisekarte des "Restaurant im Burghotel" (das ab Februar '94 "Restaurant Novalis" heißen wird):
Roh marinierte Scheiben vom Kalbsfilet mit Oliven und Parmesan; Gratinierter Lachs mit Sauerampfer; Kartoffellasagne mit Hummer und gebratenem Rotbarbenfilet; Sorbet vom Rhabarber; Lammrücken unter der Kräuterhaube, Balsamico-Jus, Frühlingsgemüse und Kartoffelrösti; Käse vom Wagen; Mascarponecrème mit frischen Beeren; Feines Backwerk (DM 112,-).
Die eindrucksvolle Weinkarte läßt, zumindest was deutsche und französische Weine angeht, kaum einen Wunsch offen, sie bietet außerdem14 Schoppenweine, und, was uns besonders gefällt, 22 Weine vom unkomplizierten trockenen Riesling bis hin zum Bordeaux Grand Cru in halben Flaschen.
Im "Mühlenrestaurant" gibt es regionale Spezialitäten, wie z.B. Wildgerichte aus den hiesigen Revieren, und Bistro-Gerichte: In Kräuterpanade gebackenes Frischlingsschnitzel mit Austernpilzen, bunter Salat, Kräuterspätzle DM 22,50; Geräuchertes Filet von der Bachforelle mit ihrem Kaviar auf kleinem Kartoffelrösti DM 15,-; Leinelammrücken an italienischem Gemüse in Balsamessigjus mit Minirösti DM 31,50.

WARME KÜCHE
-Restaurant im Burghotel: 12.00-14.00 und 18.30-22.00 Uhr
-Mühlenrestaurant: Dienstag - Samstag 18.30 - 22.00, Sonntag 12.30 - 14.00 und 18.30 - 22.00 Uhr
PLÄTZE IM RESTAURANT: Restaurant im Burghotel: 45; Mühlenrestaurant: 80
GARTEN / VERANDA - PLÄTZE: ca. 40 zum Burgrestaurant gehörig (teilweise mit einer Markise versehen) mit Blick auf den eindrucksvoll gelegenen Turnierplatz, sowie ein Sommer-Biergarten beim Mühlenrestaurant.
LEITUNG DES HAUSES: Jörg Steinhäuser
RUHETAGE
-IM RESTAURANT: Restaurant im Burghotel: Sonntag, Mühlenrestaurant: Montag
-IM HOTEL: keine
BETRIEBSFERIEN
-IM RESTAURANT: Restaurant im Burghotel: 24.-27.12. und 01. - 31.01.; Mühlenrestaurant: 24.12.- 27.12.

-IM HOTEL: 24. - 27.12.
ÖFFNUNGSZEITEN
-IM RESTAURANT: Restaurant im Burghotel: 12.30 - 15.00 und 18.30 - 24.00 Uhr; Mühlenrestaurant: Dienstag - Samstag ab 18.30 Uhr, Sonntag ab 12.30 Uhr
ANZAHL DER ZIMMER: 30 DZ; 7 EZ; 8 Studios (modern, unter Wahrung der historischen Bausubstanz renoviert und z.T. von Mrs. Laura Ashley persönlich dekoriert).
ZIMMERPREISE: EZ: DM 145,-; DZ: DM 205,-, Studio: DM 240,-
SPEZIELLE ARRANGEMENTS: bitte fordern Sie Information an z.B. über das "Schlemmerwochenende" (DM 333,- pro Person), oder einen 4-tägigen Kurzurlaub unter dem Motto "Geschichte und Genuß" (DM 488,- pro Person).

WAS MAN UNTERNEHMEN KANN
-IM HAUS: Sauna, Solarium und Whirlpool
-IN DER UMGEBUNG: 18-Loch Golfplatz in 5 km Entfernung, geführte Forstwanderungen unter Leitung des Besitzers Graf von Hardenberg. Reitunterricht und Gastboxen auf dem Gut Hardenberg (Information: 05503 / 3612).

BEMERKENSWERTES: im Frühsommer wird das traditionelle Hardenberger Reitturnier durchgeführt, und Ende August findet das "Hardenberg Klassik-Open-Air" statt mit konzertanten Opernaufführungen und Gala-Abenden mit international bekannten Musikern und Sängern.
Schauen Sie sich die Burgruine und die Schloßkapelle aus dem 12 Jh. an, Sie können auch die Hardenberg'sche Kornbrennerei besichtigen.
Einige Vorschläge für Ausflüge, bei deren Planung die Gastgeber gern behilflich sind: zum Wilhelm-Busch-Museum in Ebergötzen, Besuch des Töpferdorfs Fredersloh oder der Porzellanmanufaktur Fürstenberg.

GASTHAUS SCHWARZER ADLER
KRAFTSHOFER HAUPTSTRASSE 166
90427 NÜRNBERG
TELEFON: 0911 / 305858
TELEFAX: 0911 / 305867

ANREISE: BAB 3 Würzburg - Nürnberg, hinter Erlangen und vor Nürnberg Abfahrt Tennenlohe, sodann Richtung Nürnberg / Flughafen, 4. Ampel links dann der Kraftshof
ENTFERNUNG NACH: Nürnberg 17 km, Flughafen Nürnberg 1,5 km
KREDITKARTEN: Amex, Diners, Eurocard, Visa

HISTORISCHES HAUS AUS DEM JAHRE: 1752
BESCHREIBUNG DES HAUSES: dieses stilvolle Haus ist ein Glücksfall. In einem malerischen fränkischen Orte "mit Herrensitz und Wehrkirche" in der Nähe einer großen Stadt gelegen, aber trotzdem auf dem Land und inmitten einer üppig wuchernden Natur.
Der "Schwarze Adler", neben der Kirche und der Stadtbefestigung gelegen, ist damals wie heute Zentrum des dörflichen Lebens und beliebte Station für Reisende. Hinter der Sandsteinfassade des Hauses verbergen sich die großzügig, unter Achtung des Alten renovierten Räume, wie die "Wein- und Gaststube" mit Ölgemälden, sorgfältig ausgewähltem Mobiliar, geschmackvollen alten Tischlampen oder das "Hochzeitszimmer"- jedes in seiner Art verschieden, aber alle von Tradition geprägt.

SPEIS UND TRANK: die Küche ist fränkisch-regional, modern verfeinert, unter Verwendung von täglich marktfrischen Zutaten. Im Garten wird auch Einfacheres serviert. In der Speisenkarte liest man Aufregendes: Bärlauchsuppe mit Entenbrust DM 13,50; Torte von Jakobsmuscheln, Lachs und Spargel DM 49,-; Rochenflügel mit Pinienkernen gebraten DM 47,-; Poulardenbrust mit fränkischen Morcheln in Sherry DM 49,-; zwei Abendmenüs für DM 95,- (5 Gänge) und DM 125,- (7 Gänge), z.B. Sülze vom Räucheraal mit gefüllten Artischocken; Fränkischer Spargelsalat sauer; Zanderschnitte in Basilikumbutter gebraten; Entenbrust mit Rhabarber und Mohnschlupfnudeln; Mascarponetorte mit Feigen und Pralineneis.

Fränkische Weine aus sehr guten Lagen und guten Jahrgängen, italienische und französische - alles im allem ca. 250 verschiedene - werden kredenzt. Besonderer Erwähnung bedürfen noch die prämierten klaren Obstschnäpse aus der hauseigenen Brennerei.

Fragen Sie auch nach den nicht alltäglichen fränkischen Spezialitäten, die während der sonnigen Jahreszeit im Frankengarten angeboten werden.

WARME KÜCHE: 12.00 - 14.00 und 18.00 - 22.00 Uhr
PLÄTZE IM RESTAURANT: 60 in der Gast- und Weinstube, im 1. Stock 80 Personen für Hochzeitsgesellschaften
GARTEN / VERANDA - PLÄTZE: 70 - in einem gemütlichen fränkischen Biergarten unter schattigen alten Bäumen
LEITUNG DES HAUSES: Hans Günter Clement

RUHETAGE: keine
BETRIEBSFERIEN: 22.12. - 06.01.
ÖFFNUNGSZEITEN: 12.00 - 15.00 und 18.00 - 24.00 Uhr
ANZAHL DER ZIMMER: bedauerlicherweise keine; die Logisempfehlung: "Landhotel Schindlerhof" Steinacher Str. 8, 90427 Nürnberg, Tel.: 0911/ 30 20 77, Fax: 0911/30 40 38 (ehemaliger Bauernhof mit rustikaler Einrichtung).

WAS MAN UNTERNEHMEN KANN
-IN DER UMGEBUNG: ca. 1 km entfernt der 18-Loch Golf Club Reichswald

BEMERKENSWERTES: im alten Kraftshofer Forst (ein paar Geh-Minuten hinter dem Hause) gibt es mit dem Irrhain einen einzigartigen Barockgarten des 1644 gestifteten Pegnesischen Blumenordens. Lassen Sie sich bei Gelegenheit von dem Gastgeber etwas hierüber erzählen, hier nur soviel: einmal im Jahr treffen sich Begeisterte zur Pflege der deutschen Sprache, um in diesem Hain sich in "ihre kleine Poeten-Hütte" zurückzuziehen, " wenn sie sich von der Muse der Dichtkunst angeregt fühlen".
Am 1. und 2. Samstag im Dezember gibt es ein Barockkonzert in der gegenüberliegenden Kirche mit anschließenden Schmaus im "Schwarzen Adler".

Weitere Bände in dieser Reihe… ▶

HOTEL SONNE
HAUPTSTR. 94
77652 OFFENBURG
TELEFON: 0781 / 71039

ANREISE: BAB 5 Karlsruhe-Freiburg, Ausfahrt Offenburg, in der Stadtmitte.
ENTFERNUNG NACH: Freiburg 62 km
KREDITKARTEN: Amex, Eurocard, Visa

HISTORISCHES HAUS AUS DEM JAHRE: 1550
BESCHREIBUNG DES HAUSES: dieses Haus gehört zu den eindrucksvollsten Gasthäusern, die wir auf unseren Reisen entdeckt haben. Die Gaststube lädt zu langem Verweilen ein, da sie noch echte und ungekünstelte Rustikalität ausstrahlt. Das Bauerngestühl in der Stube wird ergänzt durch wertvolles Inventar in den Korridoren und in den Zimmern. Was vor 30 Jahren ein Chronist schrieb, gilt auch heute noch: "stilvoll ist alles - die getäfelten Wände, die prunkvolle Rokokotreppe, die würdevollen Barockschränke und die fragilen Empire-Möbel."

SPEIS UND TRANK: leichte, verfeinerte Schwarzwälder Küche, vegetarische Gerichte, Fischgerichte, sympathische "Kleine Gerichte", wie z.B. Geschmelzte Maultäschle mit Zwiebeln und Salat DM 14,-. Aus einem Menüvorschlag (wie z.B.: Fischkrautwickel an Salat; Spargelcremesuppe; Eingemachtes Kalbfleisch mit Brokkoli und Nudeln; Käsedessert;

Grand Marnier-Parfait mit Erdbeeren) kann sich der Gast ein 3-gängiges Menu für DM 29,50 oder ein 5-gängiges für DM 49,50 zusammenstellen.
Angenehme hauseigene Weine.

WARME KÜCHE: 12.00 - 14.00 und 18.00 - 23.00 Uhr
PLÄTZE IM RESTAURANT: 120

GARTEN / VERANDA - PLÄTZE: 24
LEITUNG DES HAUSES: Herr Beck
RUHETAGE: Samstag
BETRIEBSFERIEN: April
ÖFFNUNGSZEITEN:
-IM RESTAURANT: 11.00 - 14.00 und 17.30 - 24.00 Uhr
ANZAHL DER ZIMMER: 16 DZ ;18 EZ:
ZIMMERPREISE: DZ: DM 90,-/130,-; EZ: DM 65,-/90,-

BEMERKENSWERTES: sehenswert sind das Rathaus, ein Barockbau aus dem Jahre 1741, das Judenbad mit seinen besonderen Stilelementen aus dem 13./14.Jahrhundert und das Alte Kapuzinerkloster, um 1640 erbaut.

FORSTHAUS HESSENSTEIN
24321 PANKER
TELEFON: 04381 / 9416

ANREISE: von Süden kommend: BAB 1 Hamburg - Puttgarden, hinter Lübeck Ausfahrt Neustadt-Nord in Richtung Schönwalde, dann nach Lütjenburg; in Lütjenburg Richtung Schönberg, Abfahrt Ehmkendorf, nach ein paar Minuten Fahrt die alleeartige Straße links hoch.
Von Norden kommend: Abfahrt Oldenburg i. Holstein , B 202 nach Lütjenburg, dann wie zuvor beschrieben.
Von Westen kommend: von Kiel auf der B 202 nach Lütjenburg, dann wie zuvor
ENTFERNUNG NACH: Kiel 35 km, Lütjenburg 5 km
KREDITKARTEN: keine

HISTORISCHES HAUS AUS DEM JAHRE: ca.1840
BESCHREIBUNG DES HAUSES: nach einer Fahrt durch die reizvolle Landschaft der Holsteinischen Schweiz, gelangt man - weitab von jeglicher Ortschaft - am Ende einer langen Baumallee zu dem schlichten Forsthaus, das an ein altes Zollhaus erinnernt. Die idyllische Veranda und das harmonische Innere mit seinem drei unterschiedlichem Räumen mit altem und modernem Gestühl und den liebevoll eingedeckten Tischen lassen einen gern hier einkehren. Wegen seiner reizvollen Lage inmitten der Natur und der guten Küche sind die wenigen Tische im "Forsthaus Hessenstein" häufig ausgebucht, so daß eine Vorbestellung dringend geboten ist.

SPEIS UND TRANK: feine deutsche Küche wie z.B.: Fischsuppe mit Safranfäden; Gebratener Steinbeißer mit Zitronen-Thymian-Schaum, grünen Nudeln DM 36,-. Ingwerhalbgefrorenes auf Zimtschaum mit Pflaumen.Zwei Menüs DM 80,- und DM 115,-. Im Bistro wechselnde Tagesgerichte.
Eine gute Auswahl badischer und württembergischer Weine, sowie von Weinen aus der Bourgogne.

WARME KÜCHE: 18.00 - 21.00 Uhr
PLÄTZE IM RESTAURANT: 30; 20 im Bistro
GARTEN / VERADA- PLÄTZE: 30 ; ein idyllisches Plätzchen ist die Gartenterrasse mit dem weißen Gartenmobiliar, die den Blick auf den Hessenstein freigibt und die auch im Herbst, von herabfallendem Laub fast zugedeckt, eine von Ruhe bestimmte stimmungsvolle Atmosphäre bietet.
LEITUNG DES HAUSES: Peter Marxen
RUHETAGE: im Sommer: Montag; im Winter: Dienstag
BETRIEBSFERIEN: während der Herbstferien in Schleswig-Holstein. Januar und Februar nur am Wochenende geöffnet.
ZIMMER: in der Nähe im Gasthaus "Ole Liese", Tel.: 04381 / 374. Freunde empfahlen uns, dieses urwüchsige Holsteiner Gasthaus in dieses Buch mit aufzunehmen, eine Anregung, der wir für die nächste Auflage gern nachgehen werden.
BEMERKENSWERTES: vor Ihren Augen der Aussichtsturm Hessenstein, 1839 im Stil romantischer Neugotik geschaffen. In Panker wunderbare Gutsanlage mit imposantem Torhaus, in dem sich u.a. eine Kunstgalerie befindet. Ansonsten werden in dieser Gegend Kutschfahrten angeboten, fragen Sie auch nach Jagd- und Angelmöglichkeiten.

PFLAUMS POSTHOTEL
NÜRNBERGER STRAßE 12-16
91257 PEGNITZ
TELEFON: 09241 / 7250
TELEFAX: 09241 / 80404

ANREISE: BAB 9 Nürnberg-Bayreuth-Hof-Berlin, ca. 25 km vor Bayreuth Ausfahrt Pegnitz, von dort ca. 4 km bis nach Pegnitz- Ortsmitte; oder BAB 3 Frankfurt-Nürnberg hinter Würzburg und ca.20 km vor Erlangen Ausfahrt Höchstadt-Ost, von dort nach Forchheim, dann auf der B 470 nach Pegnitz.

ENTFERNUNG NACH: Bayreuth 25 km , Nürnberg 50 km
KREDITKARTEN: Amex, Diners, Eurocard, Visa

HISTORISCHES HAUS AUS DEM JAHRE: 1707 (erweitert 1959 und 1977)
BESCHREIBUNG DES HAUSES: eine Beschreibung dieses Hauses fällt uns nicht leicht, da es schon so oft gelobt worden ist und fast ausschließlich nur in Superlativen. Das Äußere, die Fachwerkfassade und die schlichten Anbauten des Posthotels lassen nicht erahnen, auf welche erlesene Art man im Inneren speisen, wohnen und entspannen kann. Der Gast kann wählen, ob er sich den Sinnesfreuden im Ambiente des 18. oder19.Jh. oder in supermodernem Design des 20.Jh. hingeben möchte. Den Romantiker wird's in die "Posthalterstube" ziehen, den Zeitgenossen in das Hauptrestaurant, dessen Räumlichkeiten wir als avantgardistisches, farben-

prächtiges, stilvolles Bühnenbild erlebten, im Hintergrund die allgegenwärtige Musik von Richard Wagner. Fazit: hier erwartet den Gast eine wunderbar gelungene Synthese aus Tradition und Modernität.

Das Haus, seit 300 Jahren in Familienbesitz, wird heute von Andreas Pflaum unter Mitarbeit seiner drei Brüder geführt. Von diesen ist einer Metzger, ein anderer Architekt und mitverantwortlich für die Umgestaltung und Modernisierung des Hauses, der dritte - Herrman Pflaum - der Küchenchef.

SPEIS UND TRANK: wir hätten hier am liebsten die ganze Karte abgedruckt, daher nur soviel: Hermann Pflaum pflegt eine innovative, leichte Küche von höchster Klasse mit viel Natur und Frische. Die nachgewiesene Qualität hat ihren Preis, aber jedes Gericht ist es wert.

Weine z.B. wohlschmeckende "Viertele" DM 18,-; sehr gute deutsche und französische Lagen. Sehr liebenswürdiger, professionell unaufdringlicher Service, der den Gast zufriedenstellen möchte.

WARME KÜCHE: 12.00 - 15.00 und 18.00 - 22.00 Uhr
PLÄTZE IM RESTAURANT: 55. Es versteht sich von selbst, daß in einem Restaurant dieser Klasse eine Vorbestellung notwendig ist.
GARTEN / VERANDA - PLÄTZE: 20
LEITUNG DES HAUSES: Andreas Pflaum
RUHETAGE: keine
BETRIEBSFERIEN: keine

ÖFFNUNGSZEITEN: 6.00 - 24.00 Uhr
ANZAHL DER ZIMMER: 25 EZ, 25 DZ (1990 wurden zwei der neuen, von Designern entworfenen Suiten des "Pflaums" zu den schönsten Hotelzimmern der Welt durch die Internationale Hotel- und Motel-Association gewählt.)
ZIMMERPREISE: EZ: DM 185,-/ 230,- ;DZ: DM 285,-/550.-
SPEZIELLE ARRANGEMENTS: erkundigen Sie sich nach den ungewöhnlichen und von Kreativität gekennzeichneten Sonderarrangements des Hauses wie "1001 Nacht in der Venus Suite" oder der "Gourmet Oper".

WAS MAN UNTERNEHMEN KANN
-IM HAUS: Indoor Golf, Hallenbad, Sauna, Tennis, Squash (was m.E. nirgends erwähnt ist - es gibt ein Karambolage-Billard!)
-IN DER UMGEBUNG: 5 Golfplätze, alle innerhalb einer halben Stunde zu erreichen.
Ebenfalls zu buchen beim "PPP": eine 5-tägige "Gourmet-Wanderung" durch die Fränkische Schweiz, für die man besser einen Smoking in den Rucksack einpackt, denn es gibt sowohl Brotzeit in der fränkischen Land-Metzgerei als auch Sterne-Menus.

BEMERKENSWERTES: an Ostern, Pfingsten, Weihnachten und Sylvester finden "Gourmet-Opern"statt. Das Hotel - Restaurant, Schwimmbad und Garten - verwandelt sich in ein Musiktheater, das Publikum wandert von Bühne zu Bühne und verzehrt zwischen den Akten die Gänge eines zur Musik passenden Menüs. Das Motto der Veranstaltungen diese Jahres lautet: "200 Jahre Romantiker in der Fränkische Schweiz".

SCHLOSS PETERSHAGEN
32469 PETERSHAGEN
TELEFON: 05707 / 346
TELEFAX: 05707 / 2373

ANREISE: BAB 2 Hannover-Dortmund, Abfahrt Bad Eilsen-Bückeburg, oder BAB Dortmund-Minden, Ausfahrt Porta Westfalica.
ENTFERNUNG NACH: Minden 12 km, Bielefeld 60 km, Hannover 90 km, Bremen 90 km
KREDITKARTEN: Amex, Eurocard, Diners, Visa

HISTORISCHES HAUS AUS DEM JAHRE: 1306
BESCHREIBUNG DES HAUSES: die ehemalige Residenz der Fürstbischöfe von Minden ist keine finstere Trutzburg, sondern ein malerisches Schloß, das mit seiner mit wildem Wein berankten Fassade, den Fachwerkgiebel und den rot-weißen Fensterläden Heiterkeit ausstrahlt. Eine Renaissance-Wendeltreppe geleitet den Gast ins Restaurant, das auch noch Stilelemente der 50er Jahre für den Gast bereithält. Von dem in Rosa gehaltenen Restaurant "Orangerie" hat der Besucher einen wunderbaren Blick auf die Weser und in den verwunschenen Garten mit altem Baumbestand aus Linden und

Buchen. Geschichtsträchtig auch die Fasanerie, der Bankettraum und das Kurfürstenzimmer. Der "Gorgonius-Keller", benannt nach dem Schutzheileigen von Minden, in der ehemaligen Schloßküche mit seinem gewaltigen Kamin bietet einen ausgefallenen Rahmen für Feste und Feiern.

WARME KÜCHE: 18.00 - 22.00 Uhr

PLÄTZE IM RESTAURANT: 50

TAGUNGSRÄUME: ja

GARTEN / VERANDA-PLÄTZE: 2 Terrassen für 25 und 120

LEITUNG DES HAUSES: Rosemarie Hestermann, eine kultivierte und aufmerksame Gastgeberin.

RUHETAGE: keine

BETRIEBSFERIEN: 02. - 31.01.

ÖFFNUNGSZEITEN

-IM RESTAURANT: 12.00 - 14.00 und 18.00 - 22.00 Uhr, nachmittags Kaffee und Kuchen.

ANZAHL DER ZIMMER: 3 EZ, 7 DZ , 2 Appartements

ZIMMERPREISE: DZ: DM 200,-; EZ: DM 150,-; Apt.: DM 250,-

WAS MAN UNTERNEHMEN KANN

-IM HAUS: Tennis, beheiztes Freibad

-IN DER UMGEBUNG: Radfahren, Segeln auf dem Steinhuder Meer (30 km entfernt). Auf dem Weg ins 12 km entfernte Minden passiert man das von der Weser und dem Mittellandkanal gebildete Wasserstraßenkreuz. Im Mindener Dom, der im Jahr 952 geweiht wurde, sind bedeutende Kunstschätze zu besichtigen, darunter ein vergoldetes Bronzekruzifix aus dem Jahre 1070. Die "Mindener Museumszeile" ist ein schönes Ensemble von Giebelhäusern aus dem 17. Jh.

JAGDHAUS WALDFRIEDEN
KIELER STR. B4
25451 QUICKBORN
TELEFON: 04106 / 3771
TELEFAX: 04106 / 69196

ANREISE: auf der BAB 7 Hamburg - Flensburg, Ausfahrt Quickborn, dann in Richtung Quickborn, dort auf die B 4 in Richtung Kiel; 2 km nördlich von Quickborn liegt auf der linken Seite, hinter Büschen und Bäumen versteckt, der "Waldfrieden". Oder auf der B 447 von Hamburg-Bad Bramstedt, dann wie zuvor.
ENTFERNUNG NACH: Hamburg 24 km, Neumünster 40 km.
KREDITKARTEN: Amex, Diners, Eurocard, Visa

HISTORISCHES HAUS AUS DEM JAHRE: 1898
BESCHREIBUNG DES HAUSES: 20 Autominuten von Hamburg entfernt, liegt in einem großen, idyllischen herrschaftlichen Park mit Rhododendronbüschen, alten Rotbuchen und einem Entenweiher dieser Landsitz.
Ein Hamburger Reeder hatte sich das Jagdhaus im alten Fachwerkstil mit Türmchen um die Jahrhundertwende als Wohnsitz bauen lassen. Seit einigen Jahren ist es ein anspruchsvolles, sehr gepflegtes Restaurant. Innen Jagdtrophäen, eine hohe Empore, ein Flügel und ein knisternder Kamin. Den alten Teil geschmackvoll ergänzend, wurde vor kurzer Zeit das an das Haupthaus angrenzende Gartenhaus restauriert. Den Raum bestimmt ein dezenter Grünton, ein

Marmorfußboden, elegante Korbmöbel (Loom Chairs), und Pflanzen.

SPEIS UND TRANK: französische Küche mit regionalem Akzent: Frühligssalate mit Kaninchenrücken, Pinienkernen und Rosinen DM 21,50; Fenchelrahmsuppe mit frischen Nordseekrabben DM 14,50; Gefülltes Stubenküken mit Thymian gebraten auf Paprika DM 34,-; Seezunge für 2 Personen im ganzen gebraten , am Tisch filiert DM 92,-.
Große Auswahl französischer Weine. Ca. 20 verschiedene deutsche Weine, darunter gut sortierte badische und württembergische Weine.

WARME KÜCHE: 12.00- 14.00 und 18.00 - 21.30 Uhr
PLÄTZE IM RESTAURANT: 85
GARTEN / VERANDA - PLÄTZE: idyllisch ist es im Garten mit seiner verschwenderischen Vegetation und den frei umherlaufenden Hühnern - sollte man das Glück haben, in dieser Region auch einmal schönes Wetter zu genießen .

LEITUNG DES HAUSES: Sigmund Baierle
RUHETAGE: keine
BETRIEBSFERIEN: keine
ÖFFNUNGSZEITEN
-IM RESTAURANT: 12.00 - 14.00 und 18.00 - 21.30 Uhr
ANZAHL DER ZIMMER: 17 DZ; 9 EZ
ZIMMERPREISE: DZ: DM 195,-/ 235,- EZ: DM 125,-/ 180,-
SPEZIELLE ARRANGEMENTS: 2 Übernachtungen im

Doppelzimmer incl. Frühstück, einem Menü mit Spezialitäten aus der Gegend, einem Gourmet Dinner, Green-Fee auf dem Golfplatz "Gut Kaden" DM 670,-(2 Personen);
DM 335,-(1 Person)

WAS MAN UNTERNEHMEN KANN
IM HAUS: Joggen im Rantzauer Forst, Leihfahrräder
IN DER UMGEBUNG: Golf auf den Plätzen "Gut Kaden" und "An der Pinnau", Tennis, Reiten

BEMERKENSWERTES: das "Jagdhaus Waldfrieden" ist im Juni bis August einer der Veranstaltungsorte des "Schleswig-Holstein Musikfestival".
Wer keine Zeit hat, den ca.1754 erbauten, künstlerisch interessantesten Kirchenbau des Spätbarock in dieser Gegend, die Kirche im nahegelegenen Rellingen, zu besichtigen, sollte sich wenigstens die schlichte klassizistische Saalkirche in Quickborn (1809) anschauen.

ROMANTIK HOTEL RATSKELLER WIEDENBRÜCK
LANGESTR. / AM MARKTPLATZ
33378 RHEDA-WIEDENBRÜCK
TELEFON: 05242 / 7051
TELEFAX: 05242 / 7256

ANREISE: BAB 2 Dortmund - Hannover, Abfahrt Rheda-Wiedenbrück, Richtung Wiedenbrück. Von der BAB 44 Dortmund-Kassel Abfahrt Erwitte nach Lippstadt-Wiedenbrück.
ENTFERNUNG NACH: Bielefeld 30 km
KREDITKARTEN: Amex, Eurocard, Diners, Visa

HISTORISCHES HAUS AUS DEM JAHRE: 1560 als Gasthaus erbaut
BESCHREIBUNG DES HAUSES: die schöne historische Fachwerkfassade dieses Hauses lenkt den Blick auf sich. Die Innenräume sind ausgesprochen sympathisch und behaglich und bieten ein gepflegtes Ambiente. "Bauernstube" und "Festraum" sind in unterschiedlichem Stil dekoriert. Im "Kaminzimmer" Stiche und andere Erinnerungsstücke, die von der Geschichte des Hauses erzählen. Hier speist man unter eichenen Balken bei Kerzenschein. Tische und Stühle sind z.T. aus alten Balken gezimmert.

SPEIS UND TRANK: Westfälische Küche und internationale Spezialitäten. Drei viergängige Menüs zwischen DM 58,- und 90,-, z.B. das westfälische Menü für DM 58,-: "Himmel und Erde" - Gebratene Blutwurst auf Apfel-Kartoffelgratin; Wirsingcremesuppe mit Schweinebäckchen; Forellenfilets, gebraten im Kartoffelmantel, Schnippelböhnchen; Pflaumen mit Zimteis. Interessantes von der Karte, die auch vegetarische und Vollwert-Gerichte enthält: Lauch-Kartoffelgratin mit gebratenen Edelfischen DM 24,-; Kalbsleber in Traubensoße, Reibeplätzchen, Salatherzen in Rahm DM 28,50; Kassler auf Schnippelbohnen, Potthucke DM 18,50; Schweinelendchen in Altbiersoße, Reibeplätzchen DM 24,-. Umfangreiche Dessertkarte.

WARME KÜCHE: 12.00 - 14.00 und 18.00 - 22.00 Uhr, danach kleine Karte mit westfälischen Spezialitäten.
PLÄTZE IM RESTAURANT: ca. 90
TAGUNGSRÄUME: gut ausgestattete Tagungsräume für 10 - 50 Personen
GARTEN / VERANDA-PLÄTZE: 40 mit Blick auf den Marktplatz
LEITUNG DES HAUSES: Familie Surmann
RUHETAGE: keine
BETRIEBSFERIEN: 24. - 26.12.
ÖFFNUNGSZEITEN: 6.30 - 23.30 Uhr

ANZAHL DER ZIMMER: 38
ZIMMERPREISE: DZ: DM 150- / 200,-; EZ: DM 90,- / 145,-
SPEZIELLE ARRANGEMENTS: Fahrrad-Wochenende DM 295,- / 325,-, auch in Kombination mit einer Fahrt im Heißluftballon (Mehrpreis incl. des traditionellen Sekts bei der Landung DM 250,-).

WAS MAN UNTERNEHMEN KANN
-IM HAUS: Sauna, Solarium und Whirlpool auf der großen Dachterrasse, von der man einen Blick über die roten Ziegeldächer des alten Städtchens hat.
-IN DER UMGEBUNG: Fahhradverleih, Planwagenfahrten mit Picknick, Ballonfahren.

BEMERKENSWERTES: bei einem Stadtbummel durch das an der Ems gelegene Doppel-Städtchen Rheda-Wiedenbrück bekommt man einen fast vollständig erhaltenen Stadtkern mit Fachwerkhäusern aus der Renaissance zu sehen. Wer einen Spaziergang ins Grüne machen möchte, kann sich das entlang der Ems gelegene Gelände der Gartenschau "Flora Westfalica" ansehen.

MARKGRÄFLICH BADISCHER GASTHOF SCHWANEN
IM SCHLOSS SALEM
88682 SALEM
TELEFON: 07553 / 283
TELEFAX: 07553 / 6418

 ANREISE: Die B 31 zwischen Lindau und Stockach am Bodensee entlang, dann Abfahrt Salem.
ENTFERNUNG NACH: Überlingen 12 km, Meersburg 12 km, Ravensburg 30 km
KREDITKARTEN: keine

HISTORISCHES HAUS AUS DEM JAHRE: 1684
BESCHREIBUNG DES HAUSES: der weiße Schwan , "der Tag und Nacht den Herren lobpreist und singend stirbt", war das Symbol der weißen Zisterziensermönche von Salem. Der Gasthof Salem ist aus einer alten Klosterschänke entstanden und liegt vor dem Eingang zum Hof des einstigen Zisterzienserklosters und heutigen Schlosses, Sitz des bekannten Internates Salem. Die Fassade ist teilweise mit Wein bewachsen, und an der Ostecke hängt das schmiedeeiserne Wirtshausschild mit dem Schwanen. Die Gaststube des 300jährigen Hauses ist schlicht, die Gästezimmer sind angenehm großzügig, wie die Sommerterrasse, von der aus man einen Blick auf die alte Klosterkirche hat.

SPEIS UND TRANK: badische Küche mit frischen Produkten der Saison, Fische aus dem nahegelegenen Bodensee.

Interessante Gerichte von der Karte: Gebratenes Zanderfilet auf Paprikagemüse mit wildem Reis DM 28,-;Seezungenfilets mit Lachsforelle gefüllt auf geschmorten Gemüsen DM 28,-; Grüner und weißer Spargel mit Kalbsrückenscheiben und Blattsalaten DM 19,50; Rinderhuftsteak mit Ochsenmark überkrustet mit Brokkoli und Kartoffelplätzchen DM 26,50. Außschließlich Weine aus den markgräflichen Kellern, die in den letzten Jahren regelmäßig als die besten am Bodensee prämiert wurden.

WARME KÜCHE: 12.00 - 14 00 und 18.00 -21.00 Uhr
PLÄTZE IM RESTAURANT: 45 und 50
GARTEN / VERANDA - PLÄTZE: 120
LEITUNG DES HAUSES: W. Schäfer, A. Renn
RUHETAGE: Donnerstag
BETRIEBSFERIEN: Januar/Februar
ÖFFNUNGSZEITEN
-IM RESTAURANT: 10.30 - 24 .00 Uhr
ANZAHL DER ZIMMER: 14
ZIMMERPREISE: DZ: DM 119,-/148,- ; EZ: DM 89,-/105,-

WAS MAN UNTERNEHMEN KANN
-IN DER UMGEBUNG: Wandern, Radeln, Schwimmen, Golf in Überlingen

BEMERKENSWERTES: Besuch der Klosterkirche, die in strenger Zisterziensergotik (1299-1414) erbaut worden ist mit dreischiffiger Gewölbebasilika. Die wunderbare Ausstattung stammt aus der Zeit des Rokoko, Barock und Empire.

JOSTHOF
AM LINDENBERG 1
21376 SALZHAUSEN
TELEFON: 04172 / 292 ODER 392
TELEFAX: 04172 / 6225

ANREISE: BAB 7 Hamburg-Hannover, Abfahrt Garlsdorf, dann im Dorfzentrum gelegen.
ENTFERNUNG NACH: Hamburg 40 km, Lüneburg 20 km
KREDITKARTEN: Amex, Diners, Eurocard, Visa

HISTORISCHES HAUS AUS DEM JAHRE: ca. 1000
BESCHREIBUNG DES HAUSES: ein romantischer Heidegasthof wie aus dem Bilderbuch. Kehren Sie in das reetgedeckte Fachwerkhaus ein und machen Sie eine Reise in die Vergangenheit! Die alte Tenne, die Diele, die offene Feuerstelle, alles blieb nahezu original erhalten. Von den antiken Schränken und Truhen bis zu den alten Zinnleuchtern auf den Tischen und den Petroleumlampen an den Decken, gehören alle Antiquitäten entweder zur ursprünglichen Ausstattung oder wurden liebevoll gesammelt. Delfter Kacheln und schönes Küchengerät schmücken die Wände. Es ist also kein Wunder, daß man in der Gaststube mit den dicken Balken und dem wunderschönen Delfter Kamin lange bei manchem Schoppen verweilen mag.
SPEIS UND TRANK: hier gibt es Spezialitäten aus der Heide, auf neue, leichte Art zubereitet. Kleines regionales Menü für DM 28,50;Menü mit vier Gängen DM 63,-;

das Heidemenü (mit: Krebsparfait an Feldsalat; Rehconsommé, Gemüseperlen; Steinbuttfilet im Kräutermantel auf roter Paprikasauce; Kaninchenrückenfilet im Chinakohlblatt auf Hagebuttensauce, Gemüseschiffchen und Lorette-Kartoffeln; Geeistes Soufflé von Grand Marnier in Artischocke) kostet DM 91,-. In der Saison Spargel- und Erdbeerkarte.

WARME KÜCHE: 12.00 - 14.15 und 18.00 - 22.15 Uhr
PLÄTZE IM RESTAURANT: 90
GARTEN / VERANDA - PLÄTZE: ca. 70
LEITUNG DES HAUSES: Jörg Hansen
RUHETAGE: keine
BETRIEBSFERIEN: keine
ÖFFNUNGSZEITEN
-IM RESTAURANT: 7.00 - 24.00 Uhr
ANZAHL DER ZIMMER: 16
ZIMMERPREISE: DZ: DM 137,-/227,-; EZ: DM 99,-/135,-

WAS MAN UNTERNEHMEN KANN
-IN DER UMGEBUNG: Schwimmen, Tennis, Reiten, Radfahren, Angeln, Kutschfahrten im 10 km entfernten Naturschutzgebiet Lüneburger Heide. Auf Wunsch arrangiert der Gastgeber Theater- und Musical-Besuche in Hamburg.

BEMERKENSWERTES: schauen Sie sich die gegenüberliegende St. Johannis der Täufer-Kirche aus dem 15. Jh.an, oder fahren Sie über Garstedt zum Dom nach Bardowick, einer gotischen Hallenkirche aus dem 14.Jh. mit Resten einer romanischen Vorgängerin (einfaches, klassisches Portal).

KLEBER-POST
HAUPTSTR.100
88341 SAULGAU
TELEFON: 07581 / 3051
TELEFAX: 07581 / 4437

ANREISE: zwischen Donau und Bodensee, an der B312 bzw. B32 von Stuttgart über Reutlingen zum Bodensee.
ENTFERNUNG NACH: Konstanz 35 km, Stuttgart 118 km
KREDITKARTEN: Amex, Eurocard, Diners, Visa

HISTORISCHES HAUS AUS DEM JAHRE: 1671
BESCHREIBUNG DES HAUSES: in der "Kleber-Post "wurde 1671 die erste Posthalterei von Süddeutschland mit Gastwirtschaft eingerichtet. Das Äußere des Hauses wirkt trotz der klassizistischen Fassade eher unscheinbar. Das 320 Jahre alte Haus ist seit Generationen im Familienbesitz, und familiär ist auch die Atmosphäre. Besonders reizvoll ist das "Poststüberl" im Biedermeier-Stil: hier hängen noch die alten Urkunden und Dokumente an den Wänden. Tradition und Fortschritt verbinden sich auf das Beste. Das Hotel wurde vergrößert, Tennisplätze stehen zur Verfügung, und auch für Tagungen ist man bestens ausgestattet. Barock- und Gartensaal sind für unseren Geschmack vielleicht ein wenig zu gediegen renoviert, die schwäbische Gastlichkeit macht dies aber wieder wett .
SPEIS UND TRANK: hier erwartet Sie eine abwechslungsreiche Speiseauswahl mit dem Besten aus verschiedenen

Ländern. Neben der üblichen Karte gibt es eine spezielle Spargel-Karte von Anfang April bis ca. 20. Juni und von Ende Juni bis Mitte August eine Weller-Karte. Hier ein Beispiel für ein originelles Spargel-Menü (6 Gänge DM 89,-): Carpaccio von der Salami mit Portulak und Spargel; Spargelmus auf lila Kartoffel-Salat mit Feldsalat; Rahmsuppe von Melisse und Minze mit Weizenkeimen und Spargelflan; Wildschwein-Medaillon auf Spätburgundersauce mit gebackenem Spargel, Risoléekartoffeln; Käseauswahl; Variationen von Rhabarber und Himbeeren mit Karameleis.
Neben der Haute Cuisine bekommt man hier auch einfachere schwäbische Gerichte oder vegetarische Vollwertkost. Auf keinen Fall sollten sie die köstlichen Desserts verpassen! Hier gibt es exquisite Weine und seltene Branntweine.

WARME KÜCHE: 11.45 - 13.45 und 18.00 - 21.00 Uhr, kleine Karte bis 22.00 Uhr
PLÄTZE IM RESTAURANT: 100
GARTEN / VERANDA - PLÄTZE: 30
LEITUNG DES HAUSES: Andreas und Johanna Kleber

RUHETAGE: keine
BETRIEBSFERIEN: 23. und 24.12.
ÖFFNUNGSZEITEN
-IM RESTAURANT: 11.00 - 23.00 Uhr

ANZAHL DER ZIMMER: 20 DZ, 10 EZ
ZIMMERPREISE: DM 83,- / 190,-

WAS MAN UNTERNEHMEN KANN
-IM HAUS: Fahrradverleih
-IN DER UMGEBUNG: Tennis, Schwimmen, Reiten, Golf (20 km). Im 13 km entfernten Naturpark Federsee gibt es einen Vogelschutz-Lehrpfad.

BEMERKENSWERTES: sehenswert ist die Stadtpfarrkirche St. Johannis der Täufer, ein oberschwäbischer Typus der querschifflosen Basilika, und deren barocke Ausstattung. In der Nähe das Kloster Siessen. Hier findet auch im September und Oktober der "Saulgauer Orgelherbst" mit international bekannten Organisten statt. In der Galerie "Die Fähre" sind Werke von renommierten Künstler der Moderne wie Otto Dix und HAP Grieshaber ausgestellt.

GASTHOF ZELLERWAND
83259 SCHLECHING
TELEFON: 08649 / 217
TELEFAX: 08649 / 816

ANREISE: BAB 8 München - Salzburg Abfahrt Bernau, B 305 bis Marquartstein, wechseln auf die B 307 Richtung Kössen.
ENTFERNUNG NACH: München 100 km, Salzburg 60 km, Reit im Winkl 15 km.
KREDITKARTEN: keine

HISTORISCHES HAUS AUS DEM JAHRE: 1853
BESCHREIBUNG DES HAUSES: wie schön, daß wir diesen Gasthof gefunden haben. In der ganz in Holz gehaltenen Gaststube scheint die Zeit stehengeblieben zu sein. Alle Gäste sitzen auf langen Bänken zusammen an den großen Tischen, und man kommt gleich miteinander ins Gespräch. Alte Holzlampen und ein anheimelnder Kachelofen vervollständigen die Atmosphäre. Diese in ihrem Originalzustand von 1853 erhaltene Stube dürfte die älteste noch existierende Gaststube im Chiemgau sein.

SPEIS UND TRANK: alpenländische Schmankerl, Brotzeiten, aber auch Saisonkarte (bei unserem Besuch gab's allein drei Gerichte mit frischen Pfifferlingen) und Vollwert-Gerichte. Gekochte Rindsbrust mit Kren, Salzkartoffeln und Paprikagemüse DM 11,50; Gebratener Bachsaibling aus heimischen Gewässern in Kresse-Sahne-Sauce, Salzkartoffeln

und Salatteller DM 20,50; Brotzeitplatte mit Südtiroler Schinkenspeck, Edelsalami, Leberwurst, Griebenschmalz und Käse DM 11,-.
Acht Schoppenweine und kleine Karte preiswerter, interessanter Weine vor allem aus den Alpenländern.

WARME KÜCHE: 11.30 - 14.00 und 17.30 - 21.00 Uhr; Brotzeit bis 22.30 Uhr.
PLÄTZE IM RESTAURANT: Stube: ca. 45, Saal: 130
GARTEN / VERANDA-PLÄTZE: Biergarten 80 Plätze, zum großen Teil im Schatten der Krone eines schönen alten Kastanienbaums.
LEITUNG DES HAUSES: Evi und Reiner Müller
RUHETAGE: Mittwoch
BETRIEBSFERIEN: ab 3. Samstag im Oktober bis Weihnachten, in der Adventszeit an den Wochenenden geöffnet.
ÖFFNUNGSZEITEN: Mitte Mai bis Mitte Oktober durchgehend 10.30 - 24.00 Uhr geöffnet.
ANZAHL DER ZIMMER: 1 Appartement
ZIMMERPREISE: DM 55,-.
Nicht weit von diesem Haus liegt der "Steinweidenhof" (Tel.: 08649 / 511), ein im traditionellen bayrischen Stil gebautes und ausgestattetes Hotel mit allen modernen Annehmlichkeiten. Besonders gemütlich: die beiden nostalgischen Tiroler Stuben.

WAS MAN UNTERNEHMEN KANN
-IN DER UMGEBUNG: Tennis, Radfahren, Bergwandern

(die Umgebung ist Naturschutzgebiet), Kajakfahren auf dem Fluß Ache, Golf, Segelfliegen, Gleitschirmfliegen, alles in unmittelbarer Nähe. Im Winter Skilanglauf.

BEMERKENSWERTES: sehenswert in Schleching ist die Barockkirche St. Remigius und ihr Friedhof sowie die Streichenkirche in Schleching/Achberg.

HERBERGE ZUM LÖWEN
77960 SEELBACH-SCHÖNBERG
TELEFON: 07823 / 2044 - 47
TELEFAX: 07823 / 5500

ANREISE: BAB 5 Karlsruhe-Freiburg, Abfahrt Lahr; über die B 415 in Richtung Biberach/Kinzingtal nach Seelbach-Schönberg. Direkt an der B 415.
ENTFERNUNG NACH: Lahr 10 km, Straßburg 60 km, Freiburg 60 km, Baden-Baden 65 km, Triberg 45 km
KREDITKARTEN: Amex, Diners, Eurocard, Visa

HISTORISCHES HAUS AUS DEM JAHRE: 1231 erbaut; erstmals urkundlich erwähnt 1370
BESCHREIBUNG DES HAUSES: auf Serpentinenwegen gelangt man zum "Löwen" am Fuß der Burgruine Geroldseck, dem - nach Angaben des Hausherrn - ältesten Gasthaus Deutschlands, es besteht seit 1231. Eine malerische Fachwerkfassade, eine holzgetäfelte Wirtsstube mit einer Kassettendecke aus massivem Tannenholz und ein Kachelofen machen den anheimelnden Charakter diese Hauses aus. Die Inschrift eines Balkens lautet: "Behuet oh Herr mit starker Hand des Hus und unser Heimatland. 1231". Vom nahegelegenen, 1974 erweiterten Hotel hat man einen wunderbaren Blick bis zu den Schwarzwaldhöhen.
SPEIS UND TRANK: klassische und neue Küche, z.B. das 6-gängige Gourmetmenü: Scheiben von der Gänsestopfleber und vom Kalbsbries auf Salat "Louisiana"; Essenz von Stein-

pilzen unter der Blätterteighaube; Lotte de Mer in Champagnersauce mit Blattspinat und schwarzen Nudeln; Mango-Kokos-Sorbet mit Sekt; Lammfilet in der Kartoffelkruste mit Kenia-Bohnen und Maisküchle; Mohneis-Pralinen auf Mandelsauce DM 98,-. Das Feinste vom Hauskaninchen und der St. Jakobsmuschel mit Basilikumnüdelchen DM 25,50; Zanderfilet souffliert mit geräuchertem Forellenmus auf leichter Meerrettichsauce mit wildem Reis DM 31,-; Entrecôte vom Angusrind "Bordelaiser Art" mit Ochsenmark, grünen Bohnen und Gratin-Kartoffeln DM 32,-.

WARME KÜCHE: 12.00 - 14.00 und 18.00 - 21.30 Uhr
PLÄTZE IM RESTAURANT: 60; Historischer Geroldsecker Saal 120
TAGUNGSRÄUME: für 10 - 30 Personen
GARTEN / VERANDA - PLÄTZE: 120 im schönen und gemütlichen Sommergarten.
LEITUNG DES HAUSES: Familie Wussler
RUHETAGE: Montag
BETRIEBSFERIEN: Februar
ÖFFNUNGSZEITEN
-IM RESTAURANT: 10.00 - 24.00 Uhr
ANZAHL DER ZIMMER: 24 DZ, 2 EZ. Wollen Sie es ganz romantisch, fragen Sie nach den zwei urigen schlichten Gastzimmern im "Löwen". 14 Appartements bzw. Ferienwohnungen.
ZIMMERPREISE: DZ: DM 140,-/ 185,-, EZ: DM 70,-/ 98,-, Appartements: DM 200,- / 230,-.

WAS MAN UNTERNEHMEN KANN
- IM HAUS: Hallenschwimmbad, Sauna, Sonnenbank, Tennis.
- IN DER UMGEBUNG: das Haus liegt direkt am Kandelhöhen-Wanderweg. Ein 9-Loch-Golfplatz befindet sich in nächster Nähe

BEMERKENSWERTES: schauen Sie sich die quasi vor der Haustür gelegene Schloßruine Hohen-Geroldseck an. Das nahe Städtchen Lahr mit dem alten Rathaus aus der Zeit Anfang des 17. Jh. sowie die Lotzbeck´sche Villa mit Vorgarten und Park - das heutige Rathaus - lohnt ebenfalls einen Besuch.

SCHLIE-KROG
DORFSTR. 19
24351 SIESEBY
TELEFON: 04352 / 2531
TELEFAX: 04352 / 15380

ANREISE: von Süden kommend: BAB 7 Hamburg - Flensburg, Abfahrt Eckernförde, dann in Richtung Kappeln nach Barkelsby auf der B 76 und B 203, von hier nach Rieseby, dann nach Sieseby, dort die Dorfstraße zur Schlei bis zum Ende fahren.
von Norden kommend: von Flensburg auf der B 199 nach Kappeln, von dort auf der B 203 nach Damp 2000 bzw. Ausfahrt Thumby, weiter nach Sieseby.
ENTFERNUNG NACH: Eckernförde 20 km, Kappeln 20 km
KREDITKARTEN: keine

HISTORISCHES HAUS AUS DEM JAHRE: 1844
BESCHREIBUNG DES HAUSES: dieser Gasthof bezaubert zunächst durch seine idyllische Lage direkt an der Schlei inmitten eines verträumten Dorfes mit lauter reetgedeckten Häusern. Umgeben ist das schmucke Fachwerkhaus von riesige Kastanien und einer kleinen Kirche. In den drei kleinen Räumen, dekoriert mit Wandtellern, einer alten Wanduhr, einem Bauern-Biedermeiersofa, erfreuen Sie sich anschließend bei Kerzenlicht an der Kochkunst der Gastgeber.
SPEIS UND TRANK: Peter Müller kocht selbst. Die kleine,alle zwei Tage wechselnde Karte empfiehlt Vielversprechendes.

Die Küche ist sympathisch und gut; so z.B. die Siesebyer Fischsuppe DM 10,-; Seemannslabskaus nach Art des Hauses DM 28,-; fangfrischer Schlei-Aal in Butter gebraten und Gurkensalat DM 39,-; Maasholmer Matjesfilet mit Hausfrauensauce und Pellkartoffeln DM 20,-. Dessert: Weinschaum mit frischen Waldbeeren und Walnuß-Honigeis DM 16,-; Siesebyer Rote Grütze mit flüssiger Sahne DM 10,-.

Gute Auswahl französischer Weine. Uns schmeckte der Rheingauer Schloß Rheinhardshausen .

WARME KÜCHE: 12.00 - 14.00 und 18.00 - 21.30 Uhr

PLÄTZE IM RESTAURANT: 60

GARTEN / Veranda - PLÄTZE: 25, besonders stimmungsvoll an einem lauen Sommerabend, wenn Sie die - hier selbstverständlich ganz anders als anderswo - über der Schlei untergehende Sonne auf sich wirken lassen können

LEITUNG DES HAUSES: Renate und Peter Müller

RUHETAGE: Montag, Dienstamittag

BETRIEBSFERIEN: ca. 15.1. bis Ende Februar

ÖFFNUNGSZEITEN

-IM RESTAURANT: 12.00 - 23.00 Uhr

ANZAHL DER ZIMMER: 2 Appartements, sonst private Unterkünfte auf einem Bauernhof in der Nähe. Adressen können bei der sehr hilfsbereiten Frau Müller erfragt werden

ZIMMERPREISE: DM 200,-/ 250,- incl. Frühstück

WAS MAN UNTERNEHMEN KANN

- IN DER UMGEBUNG: in Altenhof, Kappeln und Schleswig finden im Juni und August Konzerte und Veranstaltungen des "Schleswig-Holstein Musikfestival" statt.

BEMERKENSWERTES: bevor Sie den "Schlie-Krog" besuchen, machen Sie einen Rundgang durch das malerische Dorf. Hinter dem Haus die romanisch - gotische Kirche aus dem 12.Jh. - ein einschiffiger Feldsteinbau. Überhaupt trifft man auf der Halbinsel Schwansen zwischen der Eckernförder Bucht und diesem stimmungsvollen Teil der Schlei manches einfache Kirchenkleinod - wie die Kirche im nahegelegenen Rieseby, die mit ihren spätromanischen Formen sich an den Ratzeburger Dom anlehnt, oder die für diese Gegend so typischen imposanten, aber im Gegensatz zu Süddeutschland keineswegs überladenen, Herrenhäuser.

PILGRIM-HAUS
JAKOBISTR. 75
59494 SOEST
TELEFON: 02981 / 1828
TELEFAX: 02981 / 12131

ANREISE: BAB 4 Dortmund-Kassel, Abfahrt Soest-Möhnesee, dann den Schildern Stadtmitte folgen.
ENTFERNUNG NACH: Dortmund 50 km, Münster 70 km, Düsseldorf 102 km
KREDITKARTEN: Amex, Eurocard, Visa

HISTORISCHES HAUS AUS DEM JAHRE: 1304, ehemalige Pilger-Herberge
BESCHREIBUNG DES HAUSES: allein die Tatsache, daß es sich bei diesem Haus um den ältesten Gasthof Westfalens handelt, könnte schon eine Erwähnung wert sein. Dies Haus bietet aber viel mehr: eine Synthese aus Tradition, Geschmack und ebenso urgemütliche wie kultivierte Atmosphäre in vier Räumen.
1294 wurde mit dem Bau begonnen, und die An- und Umbauten aus den späteren Jahrhunderten ergeben ein harmonisches Ganzes. Schon die Eingangsdiele mit alten Musik-

instrumenten und anderem historischen Zierrat lädt den Gast zum Verweilen ein. Mit Ausnahme der opulenten Blumensträuße scheint alles aus einer vergangenen Zeit zu stammen. Die schöne Antiquitäten-Sammlung wurde vom Vater des Besitzers begonnen. Es gibt eine "Gute Stube" mit einem Ambiente des 19. Jh.; die Diele und Gaststube mit einem Fußboden aus dem 13. Jh.; die "Hansestube", eine ehemalige Brauerei, sowie einen malerischen Jugendstil-Wintergarten.

SPEIS UND TRANK: westfälische Spezialitäten und gehobene regionale Küche. Westfälische Kalbskopfsuppe mit altem Madeira DM 7,20; Soester Möppkenbrot, gebraten, mit Apfelscheiben und Röstzwiebeln, dazu Rübenkraut DM 8,50; Westfälische Bauernplatte auf dem Holzbrett mit westfälischem Knochenschinken, Sülze, Landpastete, Kalbszunge und Ziegenkäse DM 23,80; Kalbsnieren in Rocquefortsauce mit frischen Champignons, dazu Macairekartoffeln und Salat DM 26,80; Gegrillte Poulardenbrust auf pikantem Pfirsich-Tomaten-Zwiebelragout, dazu Reis und Salat DM 20,80; Pumpernickel-Parfait mit warmen Preiselbeeren und Schlagsahne DM 9,50.
Kleine Auswahl interessanter Weine.

WARME KÜCHE: 18.00 - 22.45 Uhr, Sa, So und feiertags 12.00 - 14.00 und 18.00 - 22.00 Uhr
PLÄTZE IM RESTAURANT: 120, in fünf Räumen
TAGUNGSRÄUME: Räume für Feste und Feierlichkeiten bis 150 Personen

GARTEN / VERANDA-PLÄTZE: 60 Plätze in einem stimmungsvollen und lauschigen, mit Pflanzen überwucherten Hofgarten mit rankendem Wein und leichtem Sommergestühl.

LEITUNG DES HAUSES: Barbara und Fred Andernach, die Ihnen machne Anekdoten über das Haus und seiner Geschichte erzählen können.

RUHETAGE

-IM RESTAURANT: Dienstag

BETRIEBSFERIEN: zwischen Weihnachten und Neujahr

ÖFFNUNGSZEITEN

-IM RESTAURANT: 17.00 - 24.00 Uhr, Sa, So und feiertags auch 12.00 - 14.00 Uhr

-IM HOTEL: 7.15 - 24.00 Uhr

ANZAHL DER ZIMMER: 6 DZ; klein aber geschmackvoll dekoriert.

ZIMMERPREISE: DZ: DM 130,-; EZ: DM 80,-

WAS MAN UNTERNEHMEN KANN

-IN DER UMGEBUNG: der schönste Spaziergang in Soest führt sicher um den mitten in der Stadt gelegenen Großen Teich und bietet einen schönen Blick auf den St. Patrokli - Dom (1166 geweiht), St. Petri, St. Maria zur Wiese und die aus dem 13. Jh. stammende Teichsmühle.

BEMERKENSWERTES: wer hier am 25. Juli, dem "Jakobustag", einkehrt, bekommt vom Wirt ein Gläschen vom "Hundertjährigen" kredenzt, der bei Umbauarbeiten gefunden wurde und den Rest des Jahres versiegelt in der Diele aufbewahrt wird. Zu Ehren des Schutzpatrons der Wanderer, vor dessen Bildnis in der Diele ein Lämpchen brennt, wird an diesem Tag auch der große Erntekranz vom letzten Jahr erneuert.

ZUM LÖWEN - FAUSTSTUBE
HAUPTSTR. 47
79219 STAUFEN
TELEFON: 07633 / 7078

ANREISE: BAB 5 Freiburg-Basel, hinter Freiburg Ausfahrt Bad Krozingen; über Bad Krozingen weiter nach Staufen.
ENTFERNUNG NACH: Freiburg 20 km, Basel 50 km
KREDITKARTEN: keine

HISTORISCHES HAUS AUS DEM JAHRE: 1380
BESCHREIBUNG DES HAUSES: in der Ortsmitte am Brunnen liegt dieses geschichtsträchtige Haus. Im Zimmer Nr. 5 soll sich folgendes zugetragen haben: hier soll 1539 der Doctor Johannes Faustus "elendiglich gestorben" sein, nachdem ihm Mephisto "das Genick abgebrochen und seine arme Seele der ewigen Verdammnis überantwortet hat". Also steht es geschrieben über der Eingangstür des drittältesten Gasthauses Deutschlands. Die Gaststube ist behaglich mit alten Möbeln ausgestattet, und die Wände zieren geschichtlicher und poetischer Bilderschmuck.

SPEIS UND TRANK: verfeinerte badische Küche. Die Tageskarte wird alle paar Tage geändert; z.B Hausgemachte Wildterrine, süßsaurer Kürbis, Quittengelee DM 18,50; Flußsalm "pochiert" in Schnittlauchsoße mit frischem Blattspinat, Reis DM 36,-; Frische Pilze mit Hasenrückenfilet und Spätzle DM 38,-; Tafelspitz Markgräfler Art in Rotwein geschmort

DM 28,-. Nicht zu vergessen sind selbstverständlich die guten badischen Weine aus der hiesigen Markgräfler Gegend.

WARME KÜCHE: 12.00 - 14.30 und 19.00 - 23.00 Uhr
PLÄTZE IM RESTAURANT: 60 in 2 Räumen
GARTEN / VERANDA - PLÄTZE: 50, mit Blick auf den Marktplatz und das Treiben des guterhaltenen alten Städtchens.

LEITUNG DES HAUSES: Wolfgang Trch
RUHETAGE: Sonntagabend, im Winter Sonntag ganztägig
BETRIEBSFERIEN: 8. - 16. Februar und 7. - 15. März.
ÖFFNUNGSZEITEN: 11.00 - 23.00 Uhr
ANZAHL DER ZIMMER: 3 DZ
ZIMMERPREISE: DZ: DM 145,-

WAS MAN UNTERNEHMEN KANN

- IN DER UMGEBUNG: Bad Krozingen: Schwimmbad, Tennis und Reiten, und im Winter Skilaufen im angrenzenden Schwarzwald.

BEMERKENSWERTES: spazieren Sie durch das mittelalterliche Städtchen. Folgendes ist sehenswert: Schloßberg mit Burgruine, mittelalterliches Rathaus aus dem 16. Jh.(eine Besichtigung von innen ist lohnend), Magdalenenkirche; Alljährlich findet im Sommer die Staufener Musikwoche (Veranstaltungskalender über das Staufener Fremdenverkehrsamt anfordern) und an jedem ersten August-Wochenende das Markgräfler Weinfest statt.

GOCKLWIRT
WEINBERGSTR. 9
83071 STEPHANSKIRCHEN
TELEFON: 08036 / 1215
TELEFAX: 08036 / 1705

ANREISE: BAB 8 München-Salzburg, Ausfahrt Rosenheim, Umgehungsstrasse Simssee.
ENTFERNUNG NACH: München 60 km, Rosenheim 6 km, Salzburg 80 km, Innsbruck 80 km
KREDITKARTEN: keine

HISTORISCHES HAUS AUS DEM JAHRE: 1855
BESCHREIBUNG DES HAUSES: so skurril wie sein Name ist das ganze Wirtshaus und auch seine Entstehungsgeschichte. Die 1855 erbaute Geflügelfarm lag an einem vielbenutzten Wanderweg, und so wurde dann schon mal ein Gockel geschlachtet, wenn die Reisenden Hunger hatten. Die Sammelleidenschaft des heutigen Gocklwirts bestimmt das Bild des Hauses von außen und von innen. Den Weg zum Eingang bahnt man sich durch eine Kollektion von Maschinen der verschiedensten Art aus dem 19. und 20. Jh. Das spektakulärste Stück der auch im Inneren zu bewundernden Sammlung ist wohl die 1879 - 81 hergestellte"größte Kunstuhr der Welt", sie mißt 3 x 5 m, hat 14 Zifferblätter und eine Mechanik mit 50 allegorischen Figuren.
Dieses Haus verdient wirklich noch die Bezeichnung Familienbetrieb, denn neun Angehörige der Familie Rietz-Huber

kümmern sich in verschiedenen Funktionen um das Wohl der Gäste, und mit etwas Glück wird man vom Hausherrn sogar mit Zauberkunststücken unterhalten. Die engen Gaststuben sind stets von quirligem, geselligem Leben erfüllt. Die Leute kommen nicht nur aus der Umgebung, sondern sogar aus München hierher.

SPEIS UND TRANK: umfangreiche Karte mit Brotzeiten, Hausspezialitäten und Deftig-Bayrischem, frische Fische aus dem Simssee, spezielle Kinderteller. Alles wird mit frischen Produkten und selbstgezogenen Kräutern zubereitet. Frischer Radi mit Schnittlauch-Butterbrot und Almkäse DM 9,50; Hirschkalbsfilet, rosa gebraten, Preiselbeersauce Zucchinigemüse, hausgemachte Spätzle, Schwammerl und Blaukraut DM 32,50; Topfenknödel mit Zwetschgen DM 7,80. Sehr lecker: die Eisvariationen für 2 Personen DM 22,-. Große Auswahl an Weinen verschiedener Provenienz, insbesondere gute Schoppenweine aus Deutschland ab DM 6,50.

WARME KÜCHE: 13.00 - 21.30 Uhr durchgehend
PLÄTZE IM RESTAURANT: 110
GARTEN / VERANDA-PLÄTZE: 35, in einem lauschigen Gartenlokal mit einem zauberhaften Blick auf die Alpen.
LEITUNG DES HAUSES: Marianne und Willi Huber

RUHETAGE: Montag und Dienstag
BETRIEBSFERIEN: November
ÖFFNUNGSZEITEN: 13.00 - 21.30 Uhr

ANZAHL DER ZIMMER: im Haus leider keine Übernachtungsmöglichkeit. Die Gastgeber empfehlen die "Sonne" in Rimsting (15 km entfernt).

WAS MAN UNTERNEHMEN KANN

-IN DER UMGEBUNG: Schwimmen in Simssee, der als der wärmste See Bayerns gilt; Segeln, Surfen, Tennis; im Winter Skilanglauf und Abfahrt.

BEMERKENSWERTES: sehenswert sind die Wallfahrtskirche in Neukirchen und die barocke Magdalenenkirche in Baierbach.

HOTEL-RESTAURANT HIRSCHEN
HAUPTSTR. 69
79295 SULZBURG
TELEFON: 07634 / 8208
TELEFAX: 07634 / 6717

ANREISE: BAB 5 Freiburg - Basel, Ausfahrt Müllheim; über Müllheim Richtung Staufen nach Sulzburg.
ENTFERNUNG NACH: Freiburg 25 km , Basel 45 km
KREDITKARTEN: keine

HISTORISCHES HAUS AUS DEM JAHRE: 1700
BESCHREIBUNG DES HAUSES: das altbadische Restaurant "Hirschen" ist eine kulinarische Attraktion, ein Inbegriff von sorgfältiger Kochkunst. Es gehört zu den besten Restaurants Deutschlands und zieht Besucher aus der gesamten Region an. Das Haus ist ein Schmuckstück mit edlem markgräfler Ambiente in den schön gestalteten Räumen, die bis ins Detail stilvoll renoviert sind. Frankreich ist nicht weit entfernt, und man spürt die großzügige, über die Grenzen hinausgehende Atmosphäre. Die Hausherrin ist Französin und versieht aufmerksam und liebenswürdig den Service. Der "Hirschen" ist eine gelungene Mischung aus traditionsreichem Gemäuer und geschmacklich wohldosierten Erneuerungen unter Wahrung des historischen Charakters.

SPEIS UND TRANK: Maître H.P. Steiner schreibt täglich selbst die Speisekarte neu und geht persönlich zum Einkauf

auf den Markt. Etwas für den anspruchsvollen Genießer ist z.B. das große "Menu Gastronomique": Terrine vom Lammrücken im Pistou-Mantel auf pikantem Bohnenragout; Würziges Kalbsschwanzsüppchen; Gefüllter Zander im Mangoldblatt auf Schnittlauchsauce, Pfifferlinge; Navarin vom Hummer in Salbei, gebackenes Salbeiblatt; Tranche vom schottischen Angus-Rinderrücken mit Markbein, Sauce Bordelaise, gedünsteter Lattich; Auswahl feinster Rohmilchkäse; Sorbets; Kleines Schokoladendessert DM 145,-. (als 5-gängiges "Menu du Chef" DM 105,-) Es gibt noch ein "Menu du Pecheur" (DM 135,-) und eine umfangreiche Karte von hohem Niveau.

Wunderbare Markgräfler Weine von den Hängen um Sulzburg.

WARME KÜCHE: 12.00 - 14.00 und 18.30 - 21.30 Uhr
PLÄTZE IM RESTAURANT: 45
GARTEN / VERANDA - PLÄTZE: keine
LEITUNG DES HAUSES: Familie Steiner
RUHETAGE: Montag und Dienstag
BETRIEBSFERIEN: Juli/August und im Januar
ÖFFNUNGSZEITEN
-IM RESTAURANT: 12.00 - 15.00 und 18.00 - 24.00 Uhr
ANZAHL DER ZIMMER: 7 DZ (nach Bedarf als EZ)
ZIMMERPREISE: EZ: DM 140,-, DZ: DM 210,-

WAS MAN UNTERNEHMEN KANN
-IN DER UMGEBUNG: Wandern, Tennis, Golf

BEMERKENSWERTES: im Ort befindet sich die romanisch-ottonische Kirche aus der Zeit um 990: St. Cyriac. Beeindruckend auch in der Nähe das älteste Kloster auf der rechten Seite des Rheins, St. Trudpert. Die nur zum Teil noch erhaltenen Klostergebäude stellen ein weiteres Werk des großen Voralberger Baumeisters Peter Thumb in dieser Gegend aus den Jahren 1738 - 49 dar.

LANDHAUS PHILIPPHOF
25881 TATING
TELEFON: 04862 / 316 + 383

ANREISE: zunächst auf der BAB 23 Hamburg - Itzehoe - Heide, von dort auf der B 5 nach Tönning, dort auf der B 202 nach Tating, Ortsteil Ehst.
ENTFERNUNG NACH: Rendsburg 73 km, Kiel 101 km.
KREDITKARTEN: keine

HISTORISCHES HAUS AUS DEM JAHRE: ca 1790
BESCHREIBUNG DES HAUSES: da diese Gegend nicht gerade reich ist an gastlichen Häusern mit Charme, freut man sich umso mehr, wenn man dieses friedlich, abseits aller Hektik auf dem Land gelegene Haus gefunden hat. Der parkähnliche Garten mit seinen Bänken, einer reichen Vegetation, altem Baumbestand und einem Seerosenteich ist außerordentlich malerisch und wirkt wohltuend auf den Ankommenden. Das Innere wird durch einen großen Dielenbereich mit alten schweren Lederfauteuils, einer Bibliothek, die auch von den Gästen benutzt werden kann, einem Kamin und Gobelins, geprägt. Von der Empore im 1. Stock gehen die Gastzimmer ab. Es herrscht eine sehr familiäre und persönliche Atmosphäre.

SPEIS UND TRANK: leider nicht, da nur Hotel Garni. Das reichhaltige Frühstück wird von 9.00 bis 13.00 Uhr serviert, aber was TRANK angeht, versprechen die Gastgeber, rund um

die Uhr, jeden Wunsch zu erfüllen.

LEITUNG DES HAUSES: Dietrich Freise
RUHETAGE: keine

BETRIEBSFERIEN: keine
ANZAHL DER ZIMMER: 10 DZ

ZIMMERPREISE: DM 220,- / 260,- (incl. Frühstück)

WAS MAN UNTERNEHMEN KANN
-IM HAUS: Hallenbad, Tischtennis, Sauna, Solarium
-IN DER UMGEBUNG: ein 9-Loch-Golfplatz befindet sich im 2 km entfernten St. Peter-Böhl, nah sind auch die Strände von St. Peter-Ording (4 km), wo es eine Surfschule gibt. In St. Peter-Dorf (4 km) ein Tennis-Zentrum mit Hallen-und Sandplätzen und eine Reitschule.

BEMERKENSWERTES: sehen Sie sich in Tating die Kirche mit dem flachgedeckten romanischen Saal, gewölbtem Kastenchor und gotischer Chorverlängerung an, oder in St. Peter-Ording die Kirche im Ortsteil St. Peter, ein romanischer Backsteinbau mit gotisch verändertem Chor.

LANDGASTHOF FISCHERHAUS
88690 UHLDINGEN-MÜHLHOFEN 1
TELEFON: 07556 / 8003 + 8563
TELEFAX: 07556 / 6063

ANREISE: liegt direkt am Bodensee, B 31 zwischen Meersburg und Überlingen.
ENTFERNUNG NACH: Überlingen 7 km , Ulm 100 km, Ravensburg 40 km
KREDITKARTEN: keine

HISTORISCHES HAUS AUS DEM JAHRE: 17.Jh.
BESCHREIBUNG DES HAUSES: ein eindrucksvolles Fachwerkhaus, das in traumhafter Bodenseelage am Rande eines Naturschutzgebietes über drei Jahrhunderte seine Beschaulichkeit bewahrt hat. Das unwiderstehlich malerische historische Äußere des Hauses, die bunte Blumenpracht im Vorgarten und der malerische Zugang zum "Fischerhaus" machen gespannt auf die Innenräume. Diese sind modernisiert und mit einfacherem Mobiliar ausgestattet.

SPEIS UND TRANK: das Restaurant des "Fischerhaus" bewirtet seit kurzem nur noch die Hausgäste, mit heimischen Spezialitäten wie dem täglich frischen Bodenseefisch, wie z.B.Felchen zubereitet nach Müllerin Art; Kretzerfilets in Senfbutter mit Roten Beeten oder Felchenfilet in Schnittlauchsahne mit Reis. In der Saison: der wunderbare Seefeldener Spargel .

GARTEN / VERANDA - PLÄTZE: auf der Terrasse und im Garten einige Tische, von denen man einen hübschen Blick auf den Bodensee hat.

LEITUNG DES HAUSES: Familie Birkenmayer

RUHETAGE: keine

BETRIEBSFERIEN: 1.11. - 31.03.

ANZAHL DER ZIMMER: 23 DZ, 6 EZ

ZIMMERPREISE: nur Halbpension: Frühstück und ein Abendmenü mit Vorspeise, Suppe, Salat, Hauptgericht und Dessert.

DM 140,- / 200,- pro Person im EZ; DM 130,- / 190,- pro Person im DZ

WAS MAN UNTERNEHMEN KANN

-IM HAUS: Schwimmbad, Tischtennis, Boccia

-IN DER UMGEBUNG: Tennis, Golf

BEMERKENSWERTES: wenn Sie den Bodensee vom Schiff aus erkunden oder einen Ausflug zur Mainau machen möchten: es gibt in Uhldingen einen Anleger in unmittelbarer Nähe vom "Fischerhaus". In Seefelden befindet sich die älteste Kirche im Bodenseeraum: St.Martin.

Schauen Sie sich unbedingt das nahegelegene barocke Kleinod Kloster Birnau an.

SCHWARZER ADLER
BADBERGSTR. 23
79235 VOGTSBURG-OBERBERGEN
TELEFON: 07662 / 715
TELEFAX: 07662 / 719

ANREISE: A5 von Karlsruhe in Richtung Lörrach, Abfahrt Freiburg-Mitte; rechts Richtung Kaiserstuhl, durch Bötzingen geradeaus.
Oder von der A81 Stuttgart Richtung Singen, Abfahrt Donaueschingen durch den Schwarzwald nach Freiburg.
ENTFERNUNG NACH: Freiburg 20 km, Basel 50 km, Colmar 25 km, Baden-Baden 100 km
KREDITKARTEN: Eurocard, Diners, Visa

HISTORISCHES HAUS AUS DEM JAHRE: 1454
BESCHREIBUNG DES HAUSES: die Grundmauern dieses Gasthauses, das als das älteste des Kaiserstuhls gilt, sind über 500 Jahre alt, und es ist seit Generationen im Besitz der Familie Keller. Die anspruchsvolle Gastronomie-Tradition geht auf den Vater des jetzigen Adler-Wirts Franz Keller zurück, der auch den Weinbaubetrieb wiederbelebte und so die Grundlage für die heutigen Höchstleistungen von Küche

und Keller des "Schwarzen Adler" schuf. Dabei wurde die Atmosphäre des historisch gewachsenen Landgasthofs bewahrt, in dem man sich sofort behaglich fühlt. Man kann an einem der eingedeckten Tische zu einem großen Menü Platz nehmen, oder in einem anderen Bereich des Restaurants an einem blankgescheuerten Holztisch eine ausgiebige Weinprobe genießen.

SPEIS UND TRANK: das ganze Können des Hauses entfaltet sich natürlich im großen gastronomischen Menü (DM 150,-, nur tischweise serviert): Lachstartar mariniert und Caviar; Bäckernudeln mit italienischen Sommertrüffeln; Gebratener Petersfisch auf Fenchel; Artischocken mit Pfifferlingen; Champagnersorbet; Gefüllte braisierte Wachtel in Madeira-Kräutersauce; Käseauswahl; Aprikosen mit Walderdbeeren; Petits fours. Ein kleines, 5-gängiges Menü DM 85,-; klassische Gerichte der regionalen, französisch beeinflußten Küche wie z.B. Rinderfilet Bordelaise DM 44,-; Barbarie-Ente aus dem Ofen für zwei Personen DM 43,- pro Pers.; regionale Produkte, die in der Saison verarbeitet werden: Milchzicklein, Weinbergschnecken, junge Hähnchen, Flußkrebse, Gänsestopfleber, weiße Trüffeln aus einem der seltenen Vorkommen in Deutschland, Flugwild aus eigener Jagd, Weinbergpfirsiche, Zwetschgen und wilde Kirschen vom Kaiserstuhl.

Weltberühmt sind die sorgfältig ausgebauten, durchgegorenen Weine von Franz Keller, vor allem natürlich die "Obergergener Baßgeige". Im Keller aber auch große Weine aus dem Elsaß, Burgund und Bordeaux.

Die eigene Hausbrennerei stellt köstliche Tresterschnäpse her.

WARME KÜCHE: 12.00 - 13.00 und 19.00 - 20.30 Uhr
PLÄTZE IM RESTAURANT: 70

GARTEN / VERANDA - PLÄTZE: 25
LEITUNG DES HAUSES: Franz Keller
RUHETAGE
-IM RESTAURANT: Mittwoch und Donnerstag
-IM HOTEL: Mittwoch und Donnerstag
BETRIEBSFERIEN: die vier Wochen vor Fastnacht
ÖFFNUNGSZEITEN
-IM RESTAURANT: 12.00 - 15.00 und 18.00 - 24.00 Uhr
-IM HOTEL: durchgehend
ANZAHL DER ZIMMER: 9
ZIMMERPREISE: DZ: DM 150,- / 190,-; EZ: DM 75,- / 95,-

WAS MAN UNTERNEHMEN KANN
-IM HAUS: Sauna, Schwimmen
-IN DER UMGEBUNG: die abwechslungsreiche Landschaft rund um den Kaiserstuhl mit blühenden Wiesenhängen, Wäldern auf den Höhen, den terrassierten Weinbergen und dem ungewöhnlich milden Klima bietet sich für Wander- und Radtouren an.

BEMERKENSWERTES: in der kleinen Broschüre, die Sie im "Schwarzen Adler" als Gastgeschenk erhalten, werden einige Dessert-Rezepte verraten. Vielleicht nehmen Sie dazu noch eine der raren Spätlesen oder Beerenauslesen aus dem Keller des "Schwarzen Adler" mit nach Hause.

ZUR SCHWANE
HAUPTSTR. 12
97326 VOLKACH
TELEFON: 09381 / 8066 - 0
TELEFAX: 09381 / 8066 - 66

ANREISE: BAB 3 Würzburg-Erlangen, nicht weit hinter Würzburg Abfahrt Kitzingen/Schwarzach, dann teilweise am Main entlang über Schwarzach nach Volkach. Oder BAB 7 Fulda - Würzburg vor Würzburg Ausfahrt Würzburg/Estenfeld, dann in Richtung Volkach.
ENTFERNUNG NACH: Würzburg 25 km, Schweinfurt 25 km.
KREDITKARTEN: Amex, Diners, Eurocard, Visa

HISTORISCHES HAUS AUS DEM JAHRE: 1404
BESCHREIBUNG DES HAUSES: inmitten der schönen altfränkischen Stadt liegt dieses Schmuckstück. "Zur Schwane" ist nicht nur ein besonders hübsches, sondern auch ein besonders gut geführtes Haus. Schon im 15.Jh. wurde hier fränkische Gastlichkeit praktiziert. Das Innere des Hauses ist malerisch, und die Gasträume mit bemalter Holzkassettendecke, der ursprünglichen Möblierung und dem Kachelofen sind klar im Stil und ausgesprochen behaglich. Die Renovierungen wurden behutsam durchgeführt, und Bewahrenswertes blieb erhalten. Ein Haus, das sich durch Beschaulichkeit und Tradition auszeichnet.
SPEIS UND TRANK: ausgewogene Mischung aus traditioneller fränkischer und "neuer" Küche. Ein gutes Beispiel

dafür ist dies Romatik-Menü mit 7 Gängen: Herpersdorfer Ziegenquarkterrine auf Tomatenscheiben mit Basilikum; Maultaschen und Zwiebel-Rosmarinschmelze; Saiblingsfilet auf der Haut gebraten an Rauchbiersauce; Spitzmorcheln in Portweinrahm mit bunten Nudeln; Lammrücken unter der Bärlauchkruste mit gebratenem Spargel; Rohmilchkäse; Kaltes Apfelsüppchen mit Quark-Mohnnocken und Franken-sekt-Sorbet (DM 110,-; ohne Käse DM 102,-). Während der Spargelzeit ist der Volkacher Spargel ein "Muß".
Köstliche saubere Weine, die in Holzfässern reifen, und Edelbranntweine aus eigenem Anbau.

WARME KÜCHE: 12.00 - 14.00 und 18.00 - 22.00 Uhr
PLÄTZE IM RESTAURANT: 50
GARTEN / VERANDA - PLÄTZE: 50 im mit Reben berankten, teilweise überdachten Innnenhof
LEITUNG DES HAUSES: Petra und Michael Pfaff (seit 1935 und in der 3. Generation der Familie Pfaff gehörig).
RUHETAGE: Montag (Hotel geöffnet)
BETRIEBSFERIEN: 20.12. - 20.01.
ÖFFNUNGSZEITEN: 7.00 - 23.00 Uhr

ANZAHL DER ZIMMER: 16 DZ, 11 EZ, 2 Appartements
ZIMMERPREISE: DZ: DM 150,- / 270,- ; EZ: DM 85,- / 150,- Appartements: DM 350,- / 390,-
SPEZIELLE ARRANGEMENTS: die Gastgeber haben sich wirklich einiges einfallen lassen, ihre Gäste zu unterhalten: von einer "Kurzen Atempause mit Picknick", über eine fach-

kundige Einführung"Rund um den Pfaff'schen Frankenwein" bis hin zu Radeltouren und Bootstfahrten auf dem Main. Fordern Sie das Informationsmaterial an, es wird Ihnen Lust auf einen Besuch machen.

WAS MAN UNTERNEHMEN KANN

-IN DER UMGEBUNG: Tennis, Schwimmen, Radfahren, Golfplatz ca. 15 km entfernt. Wandern Sie durch die Weinberge zur Vogelsburg oder am Main entlang nach Fahr und lassen Sie sich mit einer der letzten gemütlichen Fähren über den Fluß setzen.

BEMERKENSWERTES: besichtigen Sie das hübsche Städtchen aus dem 13.Jd. mit dem gotischen Rathaus, der gotischen Pfarrkirche und mit dem als Heimatmuseum eingerichteten barocken Schelfenhaus. Auf dem Kirchberg liegt die Wallfahrtskirche mit der "Madonna im Rosenkranz", dem letzten Werk von Tilmann Riemenschneider(1512-1524).

GASTHAUS SONNE
FREIBURGERSTR. 4
79279 VÖRSTETTEN
TELEFON: 07666 / 2326

ANREISE: BAB Karlsruhe-Basel, Ausfahrt Freiburg-Nord nach Vörstetten.
ENTFERNUNG NACH: Freiburg 6 km
KREDITKARTEN: Eurocard

HISTORISCHES HAUS AUS DEM JAHRE: 1750
BESCHREIBUNG DES HAUSES: das Fachwerkhaus mit seinem "Sonne"-Wirtshausschild verführt den Reisenden zur Einkehr. Schon Generationen von Studenten aus Freiburg erholten sich in diesem sympathischen badischen Gasthaus von ihren Studien. Beide bäuerlich eingerichteten Gaststuben sind schlicht und gemütlich möbliert. Hier herrscht eine ungezwungene und lebendige Atmosphäre. Das Haus wird von den Schwestern E. und U. Stahl mit Schwung und Umsicht geführt.
SPEIS UND TRANK: verfeinerte badische Küche. Neben regionalen Spezialitäten Tageskarte mit einem Badischen Menü (z.B.: Kartoffelrahmsuppe mit Kracherle; Geschnetzeltes von der Lammkeule in Knoblauchsauce mit Brägele; Salat von frischem Obst) für DM 34,-; einem vegetarischen Menü für DM 29,50 und Gerichten wie z.B: Medaillons von Schweinelendchen in Entenlebersoße mit Champignons, dazu feines Gemüse und hausgemachte Spätzle DM 31,-;

Rosa gebratenes Lammrückenfilet mit Senf-Kräuterkruste, grüne Bohnen und Brägele DM 26,-.

WARME KÜCHE: 12.00 - 14.00 und 18.00 - 21.30 Uhr
PLÄTZE IM RESTAURANT: 70
GARTEN / VERANDA - PLÄTZE: 70 im Garten
LEITUNG DES HAUSES: Elisabeth und Ulrike Stahl

RUHETAGE: Samstag, Montag
BETRIEBSFERIEN: 24.12 - 6.1.
ÖFFNUNGSZEITEN: 12.00 - 14.00 und 18.00 - 24.00 Uhr
ANZAHL DER ZIMMER: 11 DZ; 1 EZ
ZIMMERPREISE: DZ: DM 98,- ; EZ: DM 55,-

WAS MAN UNTERNEHMEN KANN
-IM HAUS: im August 1993 findet in Vörstetten eine Tausendjahrfeier statt. Am letzten Augustwochenende gibt es alle zwei Jahre ein großes Dorffest, das "Gumbiswinkelfest".
-IN DER UMGEBUNG: gut ausgebaute Fahrradwege in der Umgebung. Ski alpin und Langlauf im Schwarzwald.

SCHLOSS WALDECK
34519 WALDECK AM EDERSEE
TELEFON: 05623 / 589 - 0
TELEFAX: 05623 / 589 289

ANREISE: BAB 49 Kassel - Richtung Marburg, Abfahrt Fritzlar, von dort auf der B 485 in Richtung Bad Wildungen, dann nach Waldeck oder BAB 44 Kassel-Dortmund, 27 km hinter Kassel Abfahrt Zierenberg, dann auf der B 251 in Richtung Korbach, dann Abfahrt Bründersen durch den wild-romantischen Habichtswald auf einer kleinen Nebenstraße nach Waldeck, oder auf der Hauptstraße hinter Freienhagen nach Waldeck.

ENTFERNUNG NACH: Kassel 45 km
KREDITKARTEN: Amex, Eurocard, Diners, Visa

HISTORISCHES HAUS AUS DEM JAHRE: 12 Jh.
BESCHREIBUNG DES HAUSES: hier erwartet Sie eine imposante mittelalterliche Burganlage, weit ab von großen Straßen und mit einem sagenhaften Blick über den Edersee. Glücklicherweise wurden das Mauerwerk ebenso wie die schmalen Deckenbalken bei der umsichtigen Renovierung nahezu im ursprünglichen Zustand belassen, so daß der authentische historische Eindruck auch im Innern der Burg erhalten blieb. Sämtliche Gasträume - sei es die Empfangs- und Aufenthaltshalle, seien es die Gästezimmern selbst - werden durch Großzügigkeit in der Ausstattung (teilweise mit Antiquitäten) und durch Weitläufigkeit bestimmt.

SPEIS UND TRANK: das stimmungsvolle, modern mit geschmackvoller Betonung der alten Teile gestaltete Restaurant " Zur alten Turmuhr" ist das Schmuckstück der Anlage. Man genießt die Annehmlichkeiten der Küche und des Ambientes und hat gleichzeitig, einen hinreißenden Blick in ein nichtendenwollendes Tal mit dem Edersee und einer märchenhaften Waldlandschaft.

Die Küche bietet Regionales, aber auch Gerichte der "Neuen Küche". Wir haben in guter Erinnerung: die Waldecker Kartoffelsuppe DM 7,-; Kaninchenrücken an Schmandsößchen DM 36,-.

Große Auswahl an Weinen, die offensichtlich in den Kellergewölben des Schlosses natürlich gelagert werden: derjenige, den wir tranken, war perfekt temperiert.

WARME KÜCHE: 11.00-14.00 und 18.00 - 22.00 Uhr
PLÄTZE IM RESTAURANT: 70
TAGUNGSRÄUME: 8 verschieden große Räume incl. Technik für 12 - 150 Personen
GARTEN / VERANDA - PLÄTZE: 120, mit Panoramablick
LEITUNG DES HAUSES: Renata und Karl F. Isenberg
RUHETAGE
-IM RESTAURANT: Dienstagmittag
-IM HOTEL: keine
BETRIEBSFERIEN: 05.01 - 17.02
ÖFFNUNGSZEITEN IM HOTEL: 7.00 - 24.00 Uhr
ANZAHL DER ZIMMER: 36 DZ, 3 EZ, 4 Suiten
ZIMMERPREISE: DZ:DM 250,-; EZ: DM 170,-; Suite: DM 320,-

SPEZIELLE ARRANGEMENTS: verschiedene Arrangements für einen ein- oder mehrtägigen "fürstlichen Aufenthalt" mit Willkommens-Champagner, einer Burgführung und einem Menü bei Kerzenschein (DM 250,- pro Person für einen Tag bis DM 655,- pro Person für drei Tage). Besonders romantisch: die Arrangements für Trauungen und Hochzeitsfeste in noblem Rahmen.

WAS MAN UNTERNEHMEN KANN

-IM HAUS: Schwimmbad, Sonnen-Liegewiese, Sauna, Solarium.

-IN DER UMGEBUNG: Angelmöglichkeit, Wasserski und Windsurfen, Golf, Tennis.

BEMERKENSWERTES: fragen Sie an der Rezeption nach Ausflugsfahrten z.B. zum Fürstlichen Schloß in Arolsen, oder besuchen Sie die Klosterkirche zu Netze mit einem geschnitzten Altar aus dem 13. Jh..

HOTEL POST
DORFPLATZ 6
82499 WALLGAU
TELEFON: 08825 / 1011
TELEFAX: 08825 / 1658

ANREISE: von Norden bzw. Süden kommend: BAB 2 München bzw. Innsbruck bis Garmisch-Partenkirchen, dort die B2 nach Klais, in Klais über Krün nach Wallgau
ENTFERNUNG NACH: München 100 km, Garmisch 15 km, Innsbruck 40 km
KREDITKARTEN: keine

HISTORISCHES HAUS AUS DEM JAHRE: 1621
BESCHREIBUNG DES HAUSES: vor der imposanten Kulisse des Karwendelgebirges liegt dieser Gasthof im ländlichen Wallgau. Das Haus ist seit 350 Jahren ein Familienbetrieb. Das Stammhaus - die alte Posthalterei - ist mit einer wunderbaren Lüftlmalerei versehen. Besonders gemütlich sind die "Posthalterstuben" mit dem runden Ahorntisch oder die "Bierstube", in der man eine zünftige Brotzeit einnehmen kann. Es gibt aber auch einen großen, stilvoll eingerichteten Saal, die ehemalige Stallung. Inzwischen wurde das traditionsreiche Stammhaus durch einen modernen Hotelanbau erweitert. Von den Zimmern hat man einen herrlichen Blick auf Wetterstein- und Karwendelgebirge. Die Besitzerfamilie tut viel für ihre Gäste, nicht nur kulinarisch, sondern sie sorgt auch für Unterhaltung mit Trachtenabenden,

Tanz- oder Blasmusik Die Atmosphäre ist persönlich und urbayrisch.

SPEIS UND TRANK: gehobene Küche mit internationalem Einschlag. z.B. Medaillon von der Kalbsnuß mit Gemüsegarnitur, Bananen-Chutney und Champignon-Reis DM 29,80; gespicktes Werdenfelser Hasenfilet mit Waldpilzen, hausgemachten Spätzle und Preiselbeeren DM 26,-; fangfrische Renke aus dem Walchsee Müllerin Art, in Butter gebraten mit neuen Kartoffeln und Salat: Preis nach Größe. Nuss-Palatschinken mit Rum flambiert DM 9,50.

WARME KÜCHE: 11.30 - 14.30 und 17.30 -21.30 Uhr
PLÄTZE IM RESTAURANT: 300 in 5 Räumen
GARTEN / VERANDA - PLÄTZE: 50
LEITUNG DES HAUSES: Familie Neuner
RUHETAGE: keine
BETRIEBSFERIEN: Anfang November bis Mitte Dezember
ÖFFNUNGSZEITEN: 7.30 - 24.00 Uhr
ANZAHL DER ZIMMER: 28 DZ; 2 EZ
ZIMMERPREISE: DM 60,-/190,-

WAS MAN UNTERNEHMEN KANN
-IM HAUS: Sauna, Solarium und Whirlpool.
-IN DER UMGEBUNG: im Sommer kann man gut wandern und surfen, im Winter Skilanglauf betreiben. Ein 9-Loch-Golfplatz ist im Bau, außerdem kann man Minigolf und Tennis spielen und reiten.
BEMERKENSWERTES: es werden Heimatabende veranstaltet, und Sie können an einem Holzschnitzkurs teilnehmen.

WALK'SCHES HAUS
MARKPLATZ 7
76356 WEINGARTEN
TELEFON: 07244 / 2031
TELEFAX: 07244 / 2034

ANREISE: BAB 5 Karlsruhe - Stuttgart, Ausfahrt Bruchsal, dann nach Weingarten ca. 14 km von der Ausfahrt entfernt

ENTFERNUNG NACH: Karlsruhe16 km , Heidelberg 46 km
KREDITKARTEN: Amex

HISTORISCHES HAUS AUS DEM JAHRE: 1509
BESCHREIBUNG DES HAUSES: die Abbildung des "Walk'schen Hauses" auf der Speisekarte ist sehr malerisch, läßt aber erahnen, in welch marodem Zustand sich dieser Gasthof einmal befunden haben muß. Heute ist dieses Fachwerkhaus aufwendig renoviert, wobei manches alte Element verschwunden sein muß. Niedrige Decken im Hauptgastraum, den man über die überdachte "Außenstiege" erreicht , alte Deckenbalken, Butzenscheiben in den kleinen Fenstern sowie der Holzfußboden sind jedoch schöne Relikte einer vergangenen Zeit. Kleine Ölgemälde und Wandbänke ergänzen die behagliche Atmosphäre.

SPEIS UND TRANK: hier wird eine verfeinerte, regionale, badische Küche angeboten, z.B. Gefülltes Kaninchen mit Leber und Apfelspalten auf Frühlingslauch DM 40,-; Taubenbrust im Nudelteig auf Zuckerschoten an Senfsauce DM 44,-; Marinierter Steinbutt mit Spargelvinaigrette und

Kaviarsahne DM 29,-; ein großes Menü mit 7 Gängen, das tischweise serviert wird, für DM 145, ; ein kleines 4-gängiges Menü für DM 85,-: Guglhupf mit gebeiztem Lachs und Spargelsalat; Kerbelschaumsuppe mit Kalbsbries; Milchlammkeule mit Aromaten gebraten auf Zucchinigemüse, gratinierte Kartoffeln; Erdbeer-Rhabarberragout mit Karameleis. Die Weinkarte wird bestimmt durch zahlreiche und angenehme badische und schwäbische Lagen.

WARME KÜCHE: 12.00 - 13.45 und 19.00 - 21.45 Uhr
PLÄTZE IM RESTAURANT: 40
GARTEN / VERANDA - PLÄTZE: 40
LEITUNG DES HAUSES: Dietmar Rübenacker, Sigrid Weber
RUHETAGE: Sonntag
BETRIEBSFERIEN: 01.01. - 07.01.
ÖFFNUNGSZEITEN
-IM RESTAURANT: 12.00 - 15.00 und 19.00 - 24.00 Uhr
ANZAHL DER ZIMMER: 9 DZ; 5 EZ
ZIMMERPREISE: EZ: DM 90,- / 180,-; DZ: DM 190,- / 300,-

WAS MAN UNTERNEHMEN KANN
-IN DER UMGEBUNG: Tennis, Schwimmen, Spaziergänge und Ausritte durch schöne Reblandschaften
BEMERKENSWERTES: im Herbst (immer in der 1.Woche nach den Sommerferien in Baden-Württemberg) ist Winzerfest. Einen Besuch lohnt selbstverständlich auch das nahegelegene Schloß in Bruchsal. Vergessen Sie nicht, Wein aus dieser Gegend einzukaufen, der hier ausgesprochen gut ist und überall angeboten wird!

ALTE FRIESENSTUBE
GAADT 4
25980 WESTERLAND/SYLT
TELEFON: 04651 / 1228 + 4829

ANREISE: BAB 7 Hamburg-Flensburg, Ausfahrt Schleswig/Husum B 201 nach Husum, B5 in nördliche Richtung nach Niebüll, von dort aus mit dem Autoreisezug nach Sylt übersetzen.
ENTFERNUNG NACH: ca.38 km von Flensburg nach Niebüll, dem Verladebahnhof für die PKW nach Sylt
KREDITKARTEN: keine

HISTORISCHES HAUS AUS DEM JAHRE: 1648
BESCHREIBUNG DES HAUSES: am Ortsrand von Westerland steht das älteste Haus der Insel. Über seine Geschichte ließe sich ein kleines Buch füllen. Wer die schweren Steine und Balken über die Dünen geschleppt hat und wer die Findlinge für die Grundmauern sammelte und hierhertrug, weiß niemand mehr. Nach mehrmaligem Besitzerwechsel vom Abriß bedroht, fanden sich für das Haus 1980 geschichtsbewußte Käufer, die es in mühevoller Arbeit originalgetreu restaurierten. Die Balken aus Holz von gestrandeten Schiffen und die wunderbaren alten Kacheln blieben erhalten, für die Wände wurden die alten Steine wieder benutzt. So entstand ein schönes, stimmungsvolles Gasthaus mit altem Mobiliar und einem Bileggerofen.

SPEIS UND TRANK: die Küche ist typisch norddeutsch, nur

leichter und phantasievoller, und die Speisekarte ist auf plattdeutsch verfaßt. Pannfisch DM 25,50; Braden Aant - eine Holsteinische Spezialität: gebratene Ente aus dem Backofen DM 32,50; Porren Pann DM 33,50. Als Dessert gibt es natürlich Rode Grütt DM 8,50 oder Fleederbeersupp DM 8,50.

PLÄTZE IM RESTAURANT: 60

GARTEN / VERANDA - PLÄTZE: 10 - wenn es das Wetter - ausnahmsweise muß man dieses unwägbare Etwas erwähnen - zuläßt, kann man vom Gartenrestaurant aus die ganze Pracht des schönen alten Friesenhauses bewundern.

RUHETAGE: Montag

BETRIEBSFERIEN: 06.01.-20.2. und die beiden ersten Wochen im Dezember

ÖFFNUNGSZEITEN: 18.00 - 24.00 Uhr

ANZAHL DER ZIMMER: 3 Appartements. Auskunft bei Frau Schacht (Tel.: 04651 / 41165).

BEMERKENSWERTES: besuchen Sie die Kirche in Morsum, eine alte Wehrkirche mit Altarschrein von ca. 1500 und einem Holzturm aus dem frühen 13. Jh. Dieser war früher auch der Feuerturm, von dem aus Feueralarm gegeben wurde. Oder die Kirche in Keitum, einen romanischen Bau mit gotischem Westturm und einem fünfflügeligen lübschen Schnitzaltar, ebenfalls um 1500.

RESTAURANT CAFE MUSEUM ROTER HAUBARG
25889 WITZWORT / ADOLFSKOOG
TELEFON 04864 / 845

ANREISE: zunächst auf der BAB 23 Hamburg - Itzehoe - Heide, von dort auf der B 5 über Tönning Richtung Husum, hinter Tönning nach etwa 10 km Abfahrt nach Witzwort.

ENTFERNUNG NACH: Husum 13 km , Flensburg 57 km
KREDITKARTEN: nein

HISTORISCHES HAUS AUS DEM JAHRE: 1647/48
BESCHREIBUNG DES HAUSES: abseits der großen Städte liegt in einem weitläufigen Park das idyllisch gelegene Bauernhaus, das wegen seiner roten Dachziegel "Roter Haubarg" genannt wurde. Die Haubarge - bestehend aus ländlichem Wohnhaus und Wirtschaftsgebäude - waren in der Regel mit dem damals billigeren Reetdach versehen. Der unter Denkmalschutz stehende "Rote Haubarg" ist ein besonders pittoresker Hof, dessen Inneres so zurückhaltend modernisiert worden ist, daß das ganze Haus ein Museum norddeutscher bäuerlicher Wohnkultur darstellt. Barockschränke, Wandbetten für das Gesinde, die Bilegger-Öfen aus dem 18. Jh. sowie der um 1780 eingebaute Pesel (gekachelter Wohnraum) vermitteln bäuerliche Wohnatmosphäre, und es ist auch historisches landwirtschaftliches Gerät zu sehen. Spätestens nach dem Besuch dieses Gasthofes muß man das Vorurteil revidieren, es gäbe in Norddeutschland keine alten, malerischen und stimmungsvollen Gasthäuser.

SPEIS UND TRANK: schön, daß es hier Gerichte gibt, die in dieser Gegend beheimatet sind, wie z.B.: Nordfriesische Festtagssuppe DM 6,50; Büsumer Krabbensuppe DM 7,-; Krabbenplatte "Roter Haubarg" mit frischen Krabben, Krabben in Sauer, Krabbencocktail, Krabbensalat, Vollkornbrot, Toast und Butter DM 34;- oder sechs verschiedene Gerichte vom Eiderstedter Mastochsen z.B. Rouladen mit Apfelrotkohl, Butterbohnen und Salzkartoffeln DM 17,50; wohlschmeckende Desserts: Fleederbeersupp mit Klümp (Grießklößchen) DM 7,60; Rode Grütt DM 7,50.
Einfache Weine.

WARME KÜCHE: 11.30 - 14 .00 und 18.00 - 22.00 Uhr
PLÄTZE IM RESTAURANT: in 4 Räumen ca. 100
GARTEN / VERANDA - PLÄTZE: 40 - 50
LEITUNG DES HAUSES: Herrmann Wittmaack
RUHETAGE:
-IM RESTAURANT: von 1.10. bis Ostern: Montag
BETRIEBSFERIEN: Weihnachten
ÖFFNUNGSZEITEN: ab 10.00 Uhr

ANZAHL DER ZIMMER: keine - aber das Haus empfiehlt den "Eiderstedt Hof" in Witzwort Tel.: 04864 / 321 , oder erkundigen Sie sich beim Fremdenverkehrsverein Witzwort - Uelvesbüll, 2251 Witzwort, Tel.: 048 64 / 344.
BEMERKENSWERTES: sehen Sie sich die Kirche Witzwort St. Nikolai mit einem sehr schönen Altar um 1500 an.

EICHENHOF
OSTENDORFER STR. 13
27726 WORPSWEDE
TELEFON: 04792 / 2676 + 2677
TELEFAX: 04792 / 4427

ANREISE: BAB Hamburg - Bremen, Abfahrt Stuckenborstel, über Otterberg, Quellkorn, Grasberg nach Worpswede. Oder Ausfahrt Oyten über Oyten, Fischerhude, Grasberg.
ENTFERNUNG NACH: Bremen 25 km, Bremerhaven 45 km, Hamburg 120 km
KREDITKARTEN: Amex, Eurocard, Diners, Visa

HISTORISCHES HAUS AUS DEM JAHRE: 1895
BESCHREIBUNG DES HAUSES: dieses idyllische Anwesen, liegt am Ende einer 300 m langen Alle von 150jährigen Eichen in einer ruhigen Garten-und Parklandschaft. Der "Eichenhof" war früher der Landsitz eines Bremer Bürgermeisters und besteht aus vier Häusern in einem weiltläufigen, parkähnlichen Garten. Eine wahre Oase, in der man sich u.a. auf den weißen Holzbänken im Grünen so richtig entspannen kann.

SPEIS UND TRANK: leider nur Hotel garni; aber üppiges Frühstücksbuffet
LEITUNG DES HAUSES: Familie Monsees
RUHETAGE: keine
BETRIEBSFERIEN: keine

ÖFFNUNGSZEITEN: durchgehend
ANZAHL DER ZIMMER: 3 EZ, 14 DZ, 3 Appartements
ZIMMERPREISE: DZ: DM 158,- / 184,-; EZ: DM 110,- / 118,-
Appt.: DM 225,-

WAS MAN UNTERNEHMEN KANN
-IM HAUS: Sauna in einem finnischen Blockhaus, Solarium.
-IN DER UMGEBUNG:Radfahren, Tennis, Hallenbad, Reiten.

BEMERKENSWERTES: bedeutende Maler des 20. Jh. lebten in Worpswede und hinterließen ihre Spuren in der bekannten Künstlerkolonie. So kann man das idyllisch gelegene "Haus im Schluh" besichtigen, in der eine umfangreiche Sammlung der Werke des Jugendstil-Künstlers Heinrich Vogeler gezeigt und in dem sich das Worpsweder Archiv mit Dokumenten zur Dorfgeschichte und Materialien, Fotos und Originalgraphik befindet. Die "Große Kunstschau", 1927 nach Entwürfen von Bernhard Hoetger erbaut, beherbergt die Dauerausstellung "Alte Worpsweder" mit Arbeiten der bedeutenden Maler, die 1889 - 1895 hier lebten und den Ruf Worpswedes als Künstlerkolonie legten: Paula Modersohn-Becker, Otto Modersohn, Hans am Ende, Fritz Mackensen, Fritz Overbeck und Heinrich Vogeler.
Die Schönheit der Landschaft, die auch heute noch inspirierend auf die Künstler wirkt, kann man bei einer Führung durch das Teufelsmoor auf sich wirken lassen.

ISBN 3-926753-64-7